CANÇÃO POPULAR BRASILEIRA E ENSINO DE HISTÓRIA

Palavras, sons e tantos sentidos

COLEÇÃO **PRÁTICAS DOCENTES**

Miriam Hermeto

CANÇÃO POPULAR BRASILEIRA E ENSINO DE HISTÓRIA

Palavras, sons e tantos sentidos

autêntica

Copyright © 2012 Miriam Hermeto
Copyright © 2012 Autêntica Editora

COORDENAÇÃO EDITORIAL DA COLEÇÃO PRÁTICAS DOCENTES
Maria Eliza Linhares Borges

CONSELHO EDITORIAL
Ana Rocha dos Santos (UFS)
Celso Favaretto (USP)
Juarez Dayrell (UFMG)
Kazumi Munakata (PUC-SP)

PROJETO GRÁFICO DE CAPA E MIOLO
Diogo Droschi

EDITORAÇÃO ELETRÔNICA
Conrado Esteves

REVISÃO
Maria do Rosário Alves Pereira

EDITORA RESPONSÁVEL
Rejane Dias

Revisado conforme o Acordo Ortográfico da Língua Portuguesa de 1990, em vigor no Brasil desde janeiro de 2009.

Todos os direitos reservados pela Autêntica Editora. Nenhuma parte desta publicação poderá ser reproduzida, seja por meios mecânicos, eletrônicos, seja via cópia xerográfica, sem a autorização prévia da Editora.

AUTÊNTICA EDITORA LTDA.

Belo Horizonte
Rua Aimorés, 981, 8º andar . Funcionários
30140-071 . Belo Horizonte . MG
Tel.: (55 31) 3214 5700

Televendas: 0800 283 13 22
www.autenticaeditora.com.br

São Paulo
Av. Paulista, 2.073, Conjunto Nacional, Horsa I
11º andar, Conj. 1101 . Cerqueira César
01311-940 . São Paulo . SP
Tel.: (55 11) 3034 4468

Dados Internacionais de Catalogação na Publicação (CIP)
(Câmara Brasileira do Livro, SP, Brasil)

Hermeto, Miriam
  Canção popular brasileira e ensino de história : palavras, sons e tantos sentidos / Miriam Hermeto. -- Belo Horizonte : Autêntica Editora, 2012. -- (Coleção Práticas Docentes)

  Bibliografia.
  ISBN 978-85-65381-20-8

  1. História - Estudo e ensino 2. Música na educação 3. Música popular - Brasil I. Título. II. Série.

12-03141   CDD-907

Índices para catálogo sistemático:
1. Canção popular brasileira : Ensino de história 907

Para

Hyla, Ricardo e Nina

A lição sabemos de cor, só nos resta aprender.
"Sol de primavera", Beto Guedes

APRESENTAÇÃO 9

INTRODUÇÃO
A CANÇÃO POPULAR BRASILEIRA 21

A canção como objeto e fonte
no ensino de História 23
Em busca de uma definição
da canção popular brasileira 30

PARTE 1
**O CIRCUITO DE COMUNICAÇÕES:
DA PRODUÇÃO AO CONSUMO** 41

O cancionista 43
Os *performers* 52
A indústria fonográfica brasileira:
breve trajetória histórica 64
Fontes acessíveis: as capas de álbuns 75
Mediadores culturais: produtores
musicais e jornalistas especializados 79
Meios de comunicação de massa e público:
circulação e apropriações da canção 86

PARTE 2
**TRAJETÓRIA HISTÓRICA
DA CANÇÃO POPULAR BRASILEIRA** 103

Os primeiros tempos da
canção popular brasileira 105
O início da legitimação social do samba 107
Do samba-canção à bossa nova 109
MPB e Jovem Guarda 114

O tropicalismo musical 117
Canção romântica e pilantragem 121
A diversidade cancional dos anos 1970 125
Rock nacional, rap e funk 131
A ampla diversificação do
mercado cancional brasileiro 135
O século XXI: para onde vai
a canção popular brasileira? 137

PARTE 3
A CANÇÃO POPULAR BRASILEIRA
E O ENSINO DE HISTÓRIA 141
Uma proposta de tratamento didático
dos documentos no ensino de História 142
Abordagens da canção popular brasileira
na educação histórica escolar 149

Sequência de ensino 1
As representações do Nordeste em
Luiz Gonzaga: um regionalismo universal 150

Sequência de ensino 2
A censura às diversões públicas durante
a Ditadura Militar: os vetos de *Calabar* 166

Sequência de ensino 3
Trabalho & tecnologias da informação:
eu penso e posso, parabolicamará! 179

INDICAÇÕES DE FILMES 197
REFERÊNCIAS DE PESQUISA 205
Livros e artigos 205
Sites 213
Vídeos 214

APRESENTAÇÃO

Como se fora brincadeira de roda – memória
Jogo do trabalho na dança das mãos – macias
O suor dos corpos na canção da vida – história
O suor da vida no calor de irmãos – magia
"Redescobrir", Gonzaguinha

A canção popular no cotidiano do brasileiro
Como se fora brincadeira de roda – memória

Não é incomum, no Brasil, ouvir alguém entoar "lerê, lerê", com a melodia de Dorival Caymmi, para contar que tem trabalhado demais. A canção "Retirantes", com letra de Jorge Amado, compunha a abertura da novela *Escrava Isaura* produzida pela então TV Globo (hoje Rede Globo) entre 1976 e 1977, inspirada na obra homônima de Bernardo Guimarães. Tornou-se uma representação do trabalho escravo – nos mais diversos sentidos que a expressão tem no cotidiano – nos quatro cantos do país e, quiçá, pelo mundo afora, já que a novela foi um dos produtos de exportação de maior sucesso da televisão brasileira. (Se você não se lembrou do "lerê", tente com os versos do refrão: "Vida de negro é difícil/É difícil como quê".)

O refrão "com que roupa que eu vou/Pro samba que você me convidou?" é outro que, de vez em quando, escuta-se de alguém que escolhe o traje para uma ocasião importante. Ou de quem se encontra em uma situação difícil e não sabe como resolvê-la. O samba de Noel Rosa, escrito no início dos anos 1930, virou algo muito maior do que um sucesso do carnaval carioca. Gravado por diferentes artistas, em tempos, ritmos e timbres diversos, não só é uma das preciosidades do nosso cancioneiro, como também se transformou em uma espécie de bordão.

Em conversas informais com os amigos, é comum usarmos – mesmo que tenhamos que dar explicações depois – versos de canções brasileiras para interpretar uma situação banal. Cá de minha parte, conheço alguns casos desse tipo. Por exemplo, o de uma amiga que ligou para a casa do pai, que lidava com situações delicadas na velhice, em busca de notícias, e as escutou da boca da irmã, numa paráfrase de Chico Buarque e Gilberto Gil: "atordoado, permanece atento!". Ou o de uma outra, professora de Geografia, que, ao discordar de um autor clássico, respondeu com uma outra pérola de Gil – "meu caminho pelo mundo eu mesma traço, a Bahia já me deu régua e compasso" – e deixou os alunos encantados com sua capacidade de versejar de improviso.

O diálogo cotidiano dos brasileiros é polvilhado de frases do cancioneiro popular, com usos nem sempre idênticos aos originais. "Ai, que saudades da Amélia!", "peguei um Ita no norte", "o sinal está fechado pra nós que somos jovens", "pare de tomar a pílula", "festa estranha com gente esquisita", "que falta me faz um xodó", "exagerado, jogado aos seus pés", "a marvada pinga é que me atrapaia!", "conhecer as manhas e as manhãs", "que saudades da professorinha"... os exemplos poderiam se multiplicar aos montes.

A canção popular brasileira no ensino de História
Jogo do trabalho na dança das mãos – macias

Na cultura brasileira, a canção popular é arte, diversão, fruição, produto de mercado e, por tudo isso, uma referência cultural bastante presente no dia a dia. Produzida pelo homem e por ele (re)apropriada cotidianamente, objeto multifacetado e polissêmico, é elemento importante na constituição da cultura histórica dos sujeitos. Construtora e veiculadora de representações sociais, apresenta um rol enorme de possibilidades de usos e interpretações. Por todas essas razões, pode ser tomada como um instrumento didático privilegiado no ensino de História.

Este livro toma essa direção: pretende refletir sobre as possibilidades de uso da canção popular brasileira como instrumento didático nas práticas de ensino de História, especificamente no segmento do ensino médio. O que se pretende aqui é auxiliar o professor a vislumbrar a realização de práticas pedagógicas consistentes, tomando a canção popular como objeto de estudos e/ou como fonte na educação histórica.

Quantos de nós, professores, não experimentamos trabalhar um conteúdo específico a partir de uma canção? "Mulheres de Atenas", "Rosa de Hiroshima", "Para não dizer que não falei das flores", "Três apitos" – frequentemente ressignificamos esses e outros clássicos para tratar de conteúdos históricos escolares, como Antiguidade, gênero, industrialização, cotidiano, guerra, ditadura, resistência... (E, ao fazermos isso, quantos não vivemos a frustração de ouvir dos alunos: "Credo, professor, que coisa esquisita!"?)

Não se parte, portanto, do princípio de que essas práticas sejam uma novidade. De maneira alguma. Parte-se, sim, da constatação de que são muitas as dificuldades enfrentadas ao planejar e conduzir o processo de ensino-aprendizagem em História, ações das quais nós, professores, também somos protagonistas. Processo por si só complexo, que enfrenta desafios ainda maiores nos dias atuais, em tempos que Hobsbawm tão bem identificou como aqueles em que os jovens estudantes tendem a viver em um "presente contínuo". Processo dinâmico que se insere na cultura escolar como um todo, e na História, como disciplina escolar, em particular – e, ao mesmo tempo, constrói ambas. Processo coletivo que, quanto mais dialogado e partilhado, melhor pode ser desenvolvido.

A rigor, a canção popular pode (e deve) ser utilizada como recurso didático no ensino de História em qualquer segmento da educação. Como produto cultural popular confeccionado e consumido em larga escala, por todo o Brasil e em diferentes grupos socioculturais, é amplamente acessível e presente na vida dos estudantes. Assim sendo, como tema, objeto de estudo e fonte, ela é, genericamente, adequada a práticas escolares e planejamentos didáticos voltados para alunos de qualquer faixa etária.

Partindo desse ponto, pode-se afirmar que as reflexões deste livro sobre a historicidade da canção e as suas possíveis abordagens na educação histórica – como objeto de estudos e fonte histórica – podem contribuir para a formação continuada de docentes de todos os segmentos de ensino.

No entanto, definimos aqui seu público alvo prioritário: os professores de História do ensino médio. Tal definição fez-se a partir de abordagens específicas: as questões propostas, as temáticas sugeridas para o trabalho, os acontecimentos históricos analisados ao longo do texto – todos mais relacionados às especificidades do segmento final da educação básica e ao universo de preocupações de seus professores e alunos.

A maior parte das práticas pedagógicas correntes no ensino de História que se utilizam da canção popular brasileira a concebem como uma "ilustração" de determinado tempo. Em geral, tomam-se como alvos da análise apenas a sua letra ou a posição política de seus autores e intérpretes. São usos possíveis, sem dúvida. Mas não são únicos. Uma abordagem pedagógica que considere a complexidade da canção popular brasileira como fato social tende a ampliar os horizontes de leitura histórica de mundo dos alunos.

Por exemplo, é fundamental construir estratégias para operar com a relação entre letra e melodia, a base da canção popular brasileira, por meio da qual se constroem muitos sentidos para uma narrativa. Exemplificando: é muito diferente dizer "teu olhar mata mais do que bala de carabina/Que veneno estricnina/Que peixeira de baiano" no ritmo original do samba de Adoniran Barbosa, num bolero ou num rock pesado. Experimente fazê-lo. No primeiro caso, sobressai a ironia do verso. No segundo, ele ganha cores dramáticas. No terceiro, um clima de agressividade se destaca. O texto é o mesmo, mas as mensagens podem ser muito diferentes ao alterar-se o gênero da canção. O mesmo vale para a base melódica: um mesmo verso dito sobre duas melodias pode ter sentidos muito diversos entre si.

Levando em conta essas considerações, as práticas de ensino de História devem esforçar-se por apreender e explorar as especificidades desse produto cultural a que chamamos "canção popular brasileira".

Em termos pedagógicos, essa proposição tem um sentido convergente com as propostas de formação escolar na contemporaneidade, que "pretende promover a inclusão e a diversidade [e] não pode apenas abordar o letramento da letra, mas deve, também, englobar os múltiplos letramentos que envolvem uma enorme variação de mídias" (SANTOS, 2009, p. 85) e linguagens. Nesse contexto de "multiletramento", a linguagem cancional, absolutamente presente no cotidiano dos estudantes, não pode ser negligenciada, por ter grandes contribuições a dar para a construção de capacidades de leitura de mundo dos estudantes – sujeitos, cidadãos, trabalhadores.

O professor de História e a canção popular brasileira
Entender que tudo é nosso, sempre esteve em nós – história

Em geral, acredita-se que é impossível o professor realizar um trabalho pedagógico operando com as especificidades da linguagem cancional sem ter alguma formação em música. É fato que a formação musical facilita esse processo, mas sua ausência não é um impedimento para a realização de uma abordagem histórica que leve essa complexidade em consideração, pois um trabalho dessa natureza implica, em última instância, que se lance questões históricas sobre a canção – o que é de domínio do professor da área – e que elas sejam respondidas a partir de operações básicas com a "gramática musical".

Para isso, algumas condições são necessárias. É preciso que o profissional que se dispõe a operar com essa gramática específica conheça o contexto de produção e/ou circulação da canção (ou do gênero) com que trabalhará. Mas, além disso, é importante que tenha disponibilidade para buscar conhecer as características essenciais da linguagem musical e analisar o universo de canções que pretende explorar, a fim de selecionar aquelas que utilizará como "documentos" na execução do planejamento pedagógico. Nesse processo, o profissional certamente aprimorará sua percepção musical e ampliará suas próprias capacidades de leitura histórica do mundo. Mesmo leigo na linguagem musical, terá melhores condições de organizar um planejamento que favoreça seus alunos a perceberem como a canção popular brasileira constrói e veicula representações sociais, exercendo papel ativo na construção de significados para o mundo.

Este livro pretende auxiliar os professores de História a desenvolver a sua percepção musical, reconhecendo-a como elemento fundamental da formação continuada de docentes que pretendem desenvolver trabalhos pedagógicos com a canção popular brasileira. Assim, apresenta ideias e propostas de exercícios que visam a ajudá-lo a ampliar a compreensão de alguns códigos básicos da linguagem musical, sobretudo no intuito de interagir melhor com eles no desenvolvimento do planejamento didático.

É importante, ainda, lembrar que, a partir de 2012, passa a vigorar integralmente a Lei Federal n. 11.769/08, que dispõe sobre a obrigatoriedade do ensino de música na educação básica. Isso implicará a presença de educadores musicais no corpo docente das escolas – um ganho qualitativo para a comunidade escolar que, entre tantas outras coisas, ampliará ainda mais as possibilidades de realização de trabalhos sobre/com a canção popular brasileira em abordagens interdisciplinares.

O professor de História leigo em música pode beneficiar-se da parceria com o especialista, que há de ter mais recursos para o trato com a "gramática musical"; este, por sua vez, poderá beneficiar-se desse diálogo, ampliando os recursos teórico-metodológicos para abordar didaticamente a historicidade da canção. E o maior proveito será dos alunos, que poderão construir mais instrumentos cognitivos para compreender a canção popular brasileira tanto como produto cultural, em suas especificidades artísticas, quanto como produto de mercado, inserido em um amplo "circuito de comunicações".

A canção popular brasileira nestas páginas

Vai como a criança que não teme o tempo – mistério

Este livro – como, aliás, todos os demais – presta-se a muitas leituras, de diferentes formas, com vários objetivos, na ordem e no ritmo que atendam aos propósitos do leitor. Por isso, é recomendável que o leitor explore-o, à sua maneira, buscando o que crê ir ao encontro de suas necessidades. Não se acanhe de virá-lo do avesso e fazer combinações inusitadas. Uma boa leitura é a que reinventa o texto.

Entretanto, mesmo sabendo que as leituras serão múltiplas, ao conceber o material, foi preciso criar uma lógica de encadeamento das ideias e uma organicidade para as reflexões aqui propostas. Compreender essa lógica pode ajudar o leitor a entender melhor o seu conteúdo e a fazer suas seleções e recriações.

A Introdução, "A canção popular brasileira", constitui-se de uma reflexão sobre o que se considera a sua dupla dimensão no ensino de

História: *objeto de estudos* e *fonte histórica*. Também consiste em um esforço inicial de definição histórica do conceito – quando surgiu?; que fenômenos pretende explicar? quais as especificidades que comporta? que tipos de representações sociais são construídas e veiculadas?

Ao final da Introdução, duas atividades pretendem auxiliar o professor no desenvolvimento de sua percepção musical, tanto no que se refere à construção de representações sociais no universo cancional, quanto na relação que se estabelece entre melodia e letra na construção de sentidos para a narrativa cancional.

A Parte I, "O circuito de comunicações: da produção ao consumo", é uma reflexão sobre a importância de se fazer uma abordagem histórica da canção popular brasileira, tratando-a como "fato social". Para tanto, a partir de um conceito de Robert Darnton, faz-se um exercício de reflexão sobre os diferentes sujeitos que participam do processo de construção dessa produção a um só tempo cultural e comercial. Faz-se, ainda, um exame da diversidade de problemas históricos relacionados à canção e da multiplicidade de fontes que podem ajudar a resolvê-los, a partir de análises específicas de canções e fatos a elas relacionados.

Ao longo dessa parte, alguns *boxes* foram construídos, visando a auxiliar o professor a pensar em alternativas de trabalhos pedagógicos com o *circuito de comunicações* da canção. Ali, há sugestões de atividades que podem ser desenvolvidas com os estudantes de ensino médio relacionadas aos exemplos trabalhados no texto do capítulo e tomando por base algumas práticas correntes do fazer historiográfico. Essas sugestões visam a auxiliar o professor a mediar, por meio da orientação de pesquisa, a construção de algumas capacidades de aprendizagem histórica específicas. Dentre outras, destacam-se: aprender a lidar com documentos datados, buscando diferentes versões de canções; compreender uma dada linguagem de época e exercitar a "empatia histórica", por meio da análise de canções (texto e melodia); comparar manifestações culturais de épocas distintas, analisando a recepção das canções num dado momento; identificar o surgimento de elementos novos em práticas antigas, observando como as demandas da indústria fonográfica mudam a forma de produzir a canção popular; localizar a existência de diferentes atores sociais com suas motivações, também distintas, para a ação histórica, observando quem são os sujeitos que realizam e consomem esse produto cultural.

A Parte 2, "Trajetória histórica da canção popular brasileira", é um breve panorama historiográfico do tema, produzido a partir de estudos que compõem o campo de estudos acadêmicos sobre música popular brasileira. Esse texto esclarece as mudanças e as permanências na canção popular brasileira, do início do século XX aos dias atuais, informando sobre as características centrais (bem como os principais sujeitos e produções) de vários gêneros. A intenção principal desse texto é permitir ao professor uma maior compreensão do desenvolvimento da canção popular brasileira como um fenômeno histórico, operando com as permanências e as mudanças ocorridas nesse processo.

Junto do texto-base, ao longo dessa parte, há *boxes* que pretendem ampliar as possibilidades do leitor/professor – não especialista em música, mas em História – de desenvolver sua percepção musical. Ali se propõem "práticas de audiência" de canções, com o objetivo de ajudá-los a distinguir as características de diversos gêneros musicais que integram o universo cancional, bem como refletir sobre elementos que compõem a "gramática musical" (a relação texto/melodia, arranjo, interpretação, ênfases temáticas, etc.).

Na Parte 3, "A canção popular brasileira e o ensino de História", apresenta-se uma proposta para a abordagem da canção como "documento" na educação histórica. A seguir, são apresentadas três sequências de ensino temáticas, para o ensino médio, que tomam a canção popular brasileira como objeto e/ou fonte de estudos: "As representações do Nordeste em Luiz Gonzaga: um regionalismo universal"; "A censura às diversões públicas durante a Ditadura Militar: o veto de *Calabar*"; e "Trabalho & tecnologias da informação: *eu penso e posso, parabolicamará!*"

Essas propostas representam possibilidades de abordagens históricas da canção popular brasileira no ensino médio, cruzadas com produções de três cancionistas: Luiz Gonzaga, Chico Buarque e Gilberto Gil.

Cabe, ainda, fazer um esclarecimento de ordem prática: uma das preocupações foi criar condições de acessibilidade ao conteúdo aqui tratado. Sabendo das dificuldades que o leitor pode ter para encontrar canções ou gravações específicas para escutar (ou para promover a audiência junto de seus alunos), optou-se por mencionar apenas versões de canções que estivessem disponíveis, quando da elaboração deste texto, no *site* <http://www.youtube.com/>. Como ele é amplamente acessível (ao menos até o presente momento), é possível que a leitura seja acompanhada dos exercícios de escuta aqui sugeridos. Entretanto, o YouTube não tem um sistema de postagem centralizado, e isso permite que as pessoas incluam ou retirem suas publicações a qualquer momento. Em função dessa dinâmica de funcionamento do *site*, optou-se por não disponibilizar os *links*, visto que muitos poderão estar inativos quando de consultas futuras. Inserindo no campo de busca o nome da canção e de seu(s) compositor(es) e/ou intérprete(s), é possível encontrá-las, caso ainda estejam ali publicadas.

A partir de reflexões sobre a canção popular brasileira, este livro foi concebido como uma forma de contribuir com a busca constante de respostas para questões que nos acompanham no cotidiano docente, relativas ao sentido do ensino de História no Brasil contemporâneo, seus objetivos, os critérios de seleção e abordagem de conteúdos, as novas configurações do ensino médio, as relações entre saber histórico e saber histórico escolar – e tantos outros temas.

Discutindo as interfaces entre a canção popular e a educação histórica no ensino médio, será abordada, ainda, uma série de questões mais específicas: o que é esse produto da cultura chamado de "canção popular"? Quais foram os sujeitos que a produziram, com as diferentes faces que ela tem? Como esses sujeitos dialogaram com o seu tempo histórico, por meio dessa linguagem? Como eles dialogaram entre si ao construírem essa produção, coletiva por excelência? Como os diferentes tempos históricos se intercruzam nesse produto cultural? Ele é uma fonte histórica considerada legítima no âmbito do fazer historiográfico? Quais os procedimentos metodológicos utilizados pelos sujeitos que produzem o conhecimento histórico para interrogar a canção popular? Que questões tais sujeitos apresentam para a canção, visando a utilizá-la como forma de análise da ação humana em um dado momento?

Para, enfim, começar
Redescobrir o gosto e o sabor da festa – magia

Com o objetivo de responder a essas e outras questões, pretende-se que este material seja um dos muitos elementos que compõem a nossa ciranda da educação. Uma ciranda em que somos mediadores do eterno (re)descobrir de nossos alunos. Atentos a ela, acompanhamos – e, por que não dizer?, influenciamos – tanto seus processos de construção de conhecimentos e habilidades que os auxiliam no exercício cotidiano da cidadania, quanto suas possíveis escolhas profissionais. Um jogo/canto/dança do qual somos protagonistas, também, ao nos redescobrirmos, fazendo história, questionando e produzindo memórias.

Antes de seguir adiante, preciso manifestar minha gratidão aos muitos (ex) alunos e parceiros de trabalho e de vida que, ao longo das últimas duas décadas e, particularmente, durante o processo de produção deste livro, me ajudaram a "redescobrir o gosto e o sabor da festa". Não poderia deixar de agradecer, em especial, às pacientes leituras críticas realizadas pelos amigos Carlos Augusto Mitraud e Ricardo Alexandre de Freitas Lima. Muitas de suas contribuições – no que se refere, respectivamente, ao ensino de História e à canção popular brasileira – foram incorporadas ao texto. Ainda, às contribuições de Amilton Augusto Silveira Fonseca e Valter Bernardo Junior, que auxiliaram na pesquisa bibliográfica e de fontes para a produção deste trabalho. Finalmente, a Maria Eliza Linhares Borges, pela confiança, pela sensibilidade e pelo rigor respeitoso – não apenas durante a redação deste livro, que tem sua marca, mas nos demais momentos em que nos encontramos nas duas últimas décadas.

É necessário, finalmente, registrar que a produção deste material foi um imenso aprendizado sobre a ciranda do ensino de História. Há muitos anos operando com música popular em práticas de ensino, entoando canções por aí e descobrindo os sons do mundo, escrevendo essas páginas entendi que muitas das lições sobre o assunto eu só sabia de cor. Ao tentar traduzi-las para vocês, meus colegas de opção de vida e de profissão, aprendi-as um pouco melhor. Porque, como diz Beto Guedes no verso que dá epígrafe a esse livro, sempre há o que aprender daquilo que cremos já saber.

A vocês, colegas, agradeço abrirem a roda e me deixarem entrar na brincadeira.

A autora

INTRODUÇÃO
A CANÇÃO POPULAR BRASILEIRA

Os usos da canção popular brasileira no ensino de História atendem, em geral, à busca dos professores por recursos pedagógicos mais próximos ao cotidiano dos alunos. Não por acaso, filmes, fotografias, músicas, dentre outras linguagens, são muito valorizados na tentativa de "ilustrar" os acontecimentos históricos.

Embora essa preocupação de ilustrar historicamente os fatos narrados seja genuína e configure-se em uma das reais possibilidades de uso pedagógico da canção popular brasileira (Bittencourt, 2004, p. 295), ela não é a única. Quiçá não seja a mais importante, levando-se em consideração a tendência contemporânea do ensino de História, cujos objetivos são voltados para a formação de capacidades de leitura histórica do mundo. Nessa perspectiva, mais que "ilustrar" fatos e/ou acontecimentos históricos, espera-se que o professor conheça e seja capaz de traduzir para seus alunos os processos de leitura e interpretação de um produto cultural – no caso tratado nesse livro, a canção popular brasileira. Torna-se fundamental propiciar aos alunos as condições para ler as produções culturais como obras de seu tempo, explorando as suas especificidades de linguagem e a forma como elas se inserem na dinâmica social.

No intuito de alargar a compreensão da canção popular brasileira, para além de "ilustração de um tempo", este livro começa com uma análise sobre a sua dupla dimensão. A um só tempo, esse produto cultural pode ser pensado como *objeto* e *fonte* para a educação histórica no ensino médio. Começar essa empreitada implica, inicialmente, uma breve reflexão sobre os dois conceitos fundamentais do problema – *objeto de estudos históricos* e *fonte histórica*.

Antes, porém, um parêntese: iniciar este estudo com uma reflexão teórico-metodológica pode parecer estranho para muitos colegas que vieram a estas páginas buscando soluções práticas para o trato com a canção no ensino de História. Para aclarar o estranhamento, os argumentos de Seffner (2000) são decisivos: ensinar História é ensinar teoria e metodologia, consciente ou inconscientemente.

É comum crer-se que a formação teórico-metodológica dos estudantes acontece, prioritariamente, nas introduções dos cursos – tão comuns, por exemplo, nas aulas iniciais do 6º ano do ensino fundamental e no 1º ano do ensino médio –, em que se apresentam definições de conceitos básicos da disciplina, tais como "tempo", "sujeito" e "fontes históricas". Seffner alerta para o fato de que essas unidades introdutórias têm um peso muito menor na formação dos estudantes no que se refere ao trato da história e do conhecimento histórico, do que a abordagem cotidiana do conteúdo histórico, ao longo dos anos de escolaridade. Todo professor, ao ensinar História em qualquer segmento da educação e a qualquer momento, ensina também conceitos e procedimentos de tratamento do conhecimento, mesmo quando não se ocupa disso em seu planejamento.

Via de regra, inclusive, observa-se um descompasso teórico-metodológico entre as unidades introdutórias conceituais e o desenvolvimento do processo de ensino-aprendizagem em História ao longo do ano. Não raro, apresenta-se nas introduções a noção de história-problema, a partir da articulação entre temporalidades históricas diversas, múltiplos sujeitos e fontes de diferentes naturezas. Entretanto, no desenvolvimento do planejamento didático, é comum os fatos serem narrados linearmente, sem que os alunos compreendam as razões pelas quais aqueles – e não outros – foram escolhidos no conjunto da história como os mais importantes, a ponto de serem objetos de estudo. Ao não explicitar as razões de suas escolhas narrativas, o professor opera com a noção implícita de que a importância dos fatos históricos é natural e que seu sentido é único. Esse "currículo oculto" acaba se tornando o dominante no processo de ensino-aprendizagem e formando a consciência histórica dos alunos a partir da noção de que a disciplina História é imutável e tem um fim em si mesma.

Cabe ressalvar – o que não é exatamente uma reflexão de Seffner – que essa concepção de "currículo oculto" é exatamente o oposto da história-problema, de seus conceitos e procedimentos correlatos, que têm sido a base das orientações curriculares contemporâneas. Em outras palavras: o oposto da História como disciplina dinâmica, em constante revisão; da ampliação das categorias de fato, sujeito e tempo; da necessidade de operação com os procedimentos teórico-metodológicos de análise historiográfica.

Diante dessa realidade, o autor conclui: é necessário que, ao montar seu planejamento didático, o professor procure ter clareza de suas escolhas e concepções, buscando coerência no conjunto. E que, na execução desse planejamento, procure explicitá-las também para seus alunos, por meio de atividades didáticas que operem com elas.

Em acordo com a análise e as proposições de Seffner, e estendendo-as ao trabalho de formação continuada de docentes, esse primeiro esforço de definição pretende dar ao professor-leitor a clareza das concepções teórico-metodológicas com as quais as propostas de tratamento da canção – como objeto de estudos e fonte histórica – dialogam neste livro.

A canção como objeto e fonte no ensino de História

Não há pontos pacíficos em Teoria da História e é preciso escolher portos seguros onde se ancorar, entre tantas incertezas. Este é o exercício que aqui se faz.

Marc Bloch cunhou uma definição objetiva, mas complexa, da História: "a ciência dos homens no tempo" (BLOCH, 2001, p. 55). Definição simples e nada superficial, interessante para os objetivos deste trabalho, é o primeiro porto seguro de onde se partirá para refletir sobre o primeiro conceito.

Para Bloch, então, o objeto de estudo dessa ciência é composto de dois elementos indissociáveis: os *homens* e o *tempo*. De um lado, a História ocupa-se do humano, de quem é o sujeito da ação e de como ela se realizou no mundo. De outro, de como essa ação se desenvolve no tempo: o tempo do instante da ação, mas também uma duração composta de permanências e mudanças, a duração temporal na qual a ação é lembrada e (re)interpretada.

Embora se refira ao já acontecido e, portanto, tenha uma dimensão de passado, o conhecimento histórico é também um conhecimento do presente. O sujeito que produz o conhecimento histórico (inclusive o escolar) – o historiador, os autores de livros didáticos, o professor – faz isso em seu próprio tempo e a partir das questões por ele suscitadas. Nesse sentido, o discurso histórico é um discurso do presente e, em grande medida, sobre o presente. Portanto, coloca em relação temporalidades diferentes: o tempo da ação humana que se analisa e o tempo em que a análise é realizada.

Ao definir a disciplina como ciência, Bloch deixa claro que ela é conhecimento produzido por um determinado sujeito, assentado em *conceitos* e *métodos* de pesquisa específicos, cujo resultado final deve ser discutido numa comunidade e aceito como algo coerente por ela. Assim sendo, o conhecimento histórico é o produto de um lugar social, que se relaciona com os meios socioculturais em que está inserido o sujeito que produz o conhecimento. Mas é também produto de procedimentos de análise específicos, relacionados aos conceitos históricos, às fontes e aos critérios utilizados para analisá-las.

Tendo em vista essas questões, pode-se dizer que a história é constantemente reescrita por diferentes presentes históricos, e isso acontece em função de, pelo menos, três fatores. Primeiro, a aparição de novos documentos (inclusive novos tipos de documentos, derivados do desenvolvimento tecnológico), ou de novas perguntas feitas a documentos já estudados, o que contribui para a criação de novas interpretações. Segundo, porque cada presente coloca questões diferentes para o passado. Terceiro, porque a disciplina histórica, seja ela escolar ou acadêmica, também se transforma, com novos conceitos e métodos.

É importante, ainda, ressaltar: esse processo de constante reescrita da história ao qual se faz referência aqui não tem qualquer relação com o revisionismo histórico que, ao invés de esclarecer as motivações e os propósitos que norteiam as ações sociais no transcorrer do tempo, mantém um só compromisso: legitimar ideologias. Um bom antídoto contra tal postura é o próprio conceito de fontes históricas.

Como se pode depreender dessa breve definição do objeto de estudos históricos, um dos elementos essenciais para a produção do conhecimento histórico são os documentos de pesquisa, utilizados pelo narrador como fontes para conhecer o passado. As fontes históricas, que, como tudo o que é humano, também possuem a sua historicidade. Ou seja, têm diferentes significados e usos sociais em tempos diversos.

No âmbito deste trabalho, os documentos serão tratados tomando a definição clássica de Jacques Le Goff como o segundo porto seguro:

> O documento é monumento. Resulta do esforço das sociedades históricas para impor ao futuro – voluntária ou involuntariamente – determinada imagem de si próprias. No limite, não existe um documento-verdade. Todo documento é mentira. Cabe ao historiador não fazer o papel de ingênuo. Os medievalistas, que tanto trabalharam para construir uma crítica – sempre útil, decerto – do falso, devem superar essa problemática, porque qualquer documento é, ao mesmo tempo, verdadeiro – incluindo talvez sobretudo os falsos – e falso, porque um monumento é em primeiro lugar uma roupagem, uma aparência enganadora, uma montagem. É preciso começar por desmontar, demolir esta montagem, desestruturar esta construção e analisar as condições de produção dos documentos-monumentos (LE GOFF, 2003, p. 537-538).

O documento seria, potencialmente, toda e qualquer produção humana, visto que todas elas informam sobre o modo de vida e a inserção social de quem as produziu, ao padronizá-las, quis atribuir-lhes um estatuto de perenidade. Produções culturais que possam explicar porque é que quem as fez quis monumentalizar determinada situação, ideia, conceito e/ou ação social. E que possam informar sobre as sociedades que as preservaram – dando-lhes voz ativa ou silenciando-as.

Potencialmente, toda produção humana é documento. Potencialmente. Porque a transformação da produção cultural em documento depende do olhar que lhe lança o sujeito que narra a história. Se esse for um olhar problematizador e crítico, capaz de identificar ali as diferentes camadas temporais, os diferentes sujeitos que a produziram em cada camada temporal, as relações de poder existente, entre esses sujeitos, suas verdades e mentiras (ou suas mentiras verdadeiras e verdades mentirosas) – aí, sim, ela transformou-se em documento para a História. Transformou-se em fonte de informação sobre as relações dos homens no tempo.

É preciso estarmos atentos a um elemento fundamental da definição de Le Goff: para que o olhar do narrador sobre a produção cultural consiga transformá-la em "documento-monumento", não basta que ele seja crítico e problematizador. Ele precisa ser *histórico*. Não pode perder o foco no objeto de estudos da História: os homens no tempo. As perguntas que devem ser lançadas à fonte histórica devem informar sobre esses elementos e as relações entre eles: os sujeitos e seu contexto, seu lugar social, as distintas relações por eles vivenciadas, o ambiente em que estavam inseridos, suas identidades, etc. Portanto, há questões básicas, de mesmo tipo e ligadas à natureza do conhecimento histórico, a serem lançadas para qualquer documento-monumento.

No entanto, há ainda mais um elemento a considerar, que vai além da reflexão expressa no trecho de Le Goff anteriormente citado e que remete à noção de história-problema. Como se analisou anteriormente, o sujeito-narrador que interroga as fontes históricas o faz a partir de questões do seu presente. Constrói, a partir de "problemas históricos", seus objetos de estudo específicos, ligados ao objeto de estudos básico da História.

Ao delimitar seus problemas históricos, o narrador da história nomeia *quem são os homens* que investiga, *quais são as suas ações* que pretende compreender, bem como *quais são os tempos* que pretende analisar. E é partindo desses problemas históricos específicos que ele estabelece os nexos entre os diferentes tempos históricos. Por meio deles, podemos perceber que tipo de interrogações o presente endereça ao passado e, de alguma forma, como as concepções de futuro do narrador interferem nessas indagações – portanto, como suas próprias expectativas estabelecem conexões entre o presente e o passado.

Vejamos, em termos práticos, algumas formas de enunciar problemas históricos, colocando em relação diferentes sujeitos e tempos. De que forma se deu a colonização portuguesa nas terras chamadas de Sertão das Gerais em fins do século XVII? Que estratégias de resistência à Ditadura Militar foram desenvolvidas no início dos anos 1970? Que tipo de representações fotográficas da cidade do Rio de Janeiro foi criada em fins do século XIX, após o advento da República? Por que a festa do Círio de Nazaré pode ser considerada, no início do século XXI, um bem cultural imaterial do Brasil?

Para analisar cada uma das histórias-problema embutida nessas perguntas, vários tipos de documentos-monumentos podem ser interrogados. Mas nem todas as produções humanas informam sobre todos os problemas. Algumas delas estão diretamente relacionadas a determinada questão e são mais adequadas como fontes históricas para desenvolver a pesquisa.

Por exemplo, para investigar "que tipo de representações fotográficas da cidade do Rio de Janeiro foi criada em fins do século XIX, após o advento da República?", as fotografias – produzidas por profissionais autônomos, hoje organizadas em acervos pessoais ou institucionais – são fontes essenciais. Pode-se, então, identificar semelhanças e diferenças nas imagens produzidas por um mesmo fotógrafo, a fim de verificar se existia ali uma categoria de representação urbana que associava a cidade à modernidade do republicanismo – ou que a afastava desse ideário. Para isso, é preciso apresentar questões às fotografias, visando a contextualizá-las: quem foi o fotógrafo que a tirou? que recorte e que ângulo escolheu para construir a imagem fotográfica? por que escolheu esse enquadramento? como obteve essa combinação de texturas, desse ou daquele jogo de luzes e sombras? que recursos técnicos utilizava comumente? etc.

Mas, como alerta Maria Eliza Linhares Borges, é preciso também "descontextualizá-las", ou seja, buscar as "possíveis incoerências contidas nas imagens produzidas, independentemente das intenções do fotógrafo". Em outras palavras, é preciso buscar nas fotografias registros feitos ao acaso, "com o objetivo de encontrar nelas indícios e sinais que evidenciem traços [...] que, apesar de não serem compreendidos pelo produtor das imagens, foram por ele registrados" (BORGES, 2003, p. 85-86).

Além das fotografias, imprescindíveis, também os jornais podem ser fontes interessantes para essa investigação histórica, já que são veículos de divulgação das representações fotográficas. Nesse caso, inclusive, pode-se escolher examinar as representações produzidas e veiculadas por um jornal republicano, cotejando-as com as produzidas por um jornal monarquista. E, ao analisar a veiculação das fotografias no periódico, deve-se levar em consideração a sua relação com os demais textos que compõem a página: que tipo de legenda apresenta a fotografia? como a diagramação lhes dá (ou não) destaque?

É intrínseca, portanto, a relação entre o objeto de estudos e a escolha das fontes históricas que poderão informar sobre ele. Em suma, a forma de analisar as fontes depende tanto do problema histórico que se quer responder, quanto da natureza mesma da fonte privilegiada pelo pesquisador.

Retomemos, então, a temática central deste texto, articulando-a a essas reflexões teórico-metodológicas.

Em primeiro lugar, o que significa tomar a canção popular como objeto de estudos históricos? Isso implica construir um problema histórico que trate a canção popular como tema central. Vejamos alguns exemplos. Que relações podem ser estabelecidas entre a bossa-nova, surgida no final da década de 1950, e o nacional-desenvolvimentismo no Brasil? Por que o contexto da Ditadura Militar foi propício para a construção da MPB, na segunda metade da década de 1960? Quais foram as estratégias usadas pelo Estado Novo para favorecer a divulgação do trabalhismo por meio da canção popular? A canção popular pode, portanto, compor diferentes objetos de estudos históricos, articulando sujeitos em tempos diversos – inclusive nas unidades de ensino da educação básica, seja como tema central, seja como projetos, recortes didáticos em temas mais gerais.

Em segundo lugar, para refletir sobre a proposta de uso didático da canção popular, há que se perguntar: como se pode utilizá-la como fonte para a solução de um problema no ensino de História? Esse aspecto será discutido ao longo do livro, mas, inicialmente, é necessário demarcar que a investigação de um problema histórico que tome a canção popular como objeto implicará o seu uso também como fonte de pesquisa, ainda que não como documento principal.

Mas a canção popular pode ser uma fonte histórica privilegiada para analisar um problema do qual ela não seja o objeto explícito. Retomemos um dos problemas históricos anteriormente enunciados como exemplo: "que estratégias de resistência à Ditadura Militar foram desenvolvidas no início dos anos 1970"? Uma delas foi a composição e a veiculação de canções populares de caráter crítico, explicitamente políticas ou não, no campo da arte engajada. Portanto, a análise desses documentos-canções pode ser uma opção para responder a esse problema histórico – assim como os periódicos da imprensa alternativa, os documentos dos arquivos da repressão e tantas outras fontes.

"Comportamento geral", de Gonzaguinha (1973), é um exemplar interessante de canção crítica à sociedade brasileira de então. Uma melodia de samba começa lenta e marcada pela batida de um surdo, e vai se tornando festiva, com a entrada de outros instrumentos e o ronco da cuíca, destacando o clima de ironia que a letra demarca. Esta, por sua vez, denuncia um coletivo que não quer ver a crise presente e se inebria com as diversões populares; que se adaptou a viver sob o arbítrio, assumindo a submissão como coisa tão natural que a ela deve-se agradecer. E avisa: "você merece, você merece/Tudo vai bem, tudo legal".

Ou "Nada será como antes" (1971), de Milton Nascimento e Ronaldo Bastos, cuja letra pergunta e afirma: "que notícia me dão dos amigos?/Que notícia me dão de você?/Sei que nada será como está / Amanhã ou depois de amanhã/Resistindo na boca da noite um gosto de sol". Uma das marcas do Clube da Esquina, em cujas canções as oposições conceituais (melódicas ou poéticas) não eram simples e diretas (GARCIA, 2006, p. 177), "o sol na boca da noite" foi interpretado por boa parte do público como referência à esperança de mudança dos tempos difíceis. A canção, em geral, foi ouvida nos meios de esquerda como uma alusão às prisões, aos desaparecimentos, ao arbítrio – mas passou pelos órgãos de censura, inclusive porque não trazia denúncias explícitas e podia ser tomada como uma conversa entre amigos. Foi gravada no LP *Clube da Esquina 2*, com uma "levada roqueira" que, se por um lado, aumentava o tom de informalidade da conversa, por outro, aumentava a tensão da mensagem.

Examinar as canções como fontes significa interrogá-las tanto no que se refere aos seus aspectos históricos mais gerais, quanto no que tange ao problema que está sendo investigado. Isso deve ser feito, especialmente, tomando-se por base as características específicas da linguagem do documento-canção. Quais são elas, então? Aliás, o que é isso que se tem chamado de *canção popular brasileira*?

Em busca de uma definição da canção popular brasileira

Como todas as elaborações teóricas, a de canção popular brasileira tem a sua historicidade e deve ser compreendida a partir dela. Isso implica buscar compreender por que o conceito foi criado, qual realidade histórica (ou quais) ele pretende explicar e como essa realidade lhe atribui significado.

Podemos pensar em três dimensões importantes da historicidade de um conceito: o momento de seu surgimento e sua definição básica; a historiografia que ele integra e com a qual dialoga; a trajetória histórica do(s) fenômeno(s) ao(s) qual(is) ele se refere. Nesta Introdução, apenas a primeira dessas dimensões será contemplada; as outras duas foram contempladas nas partes subsequentes.

Inicialmente, cabe ressaltar a dificuldade de construir uma definição precisa de canção popular enquanto expressão artística, especialmente em função da abrangência de gêneros musicais e sujeitos que abarca. Questões relativas à canção popular brasileira como expressão artística – qual é o gênero da canção por excelência, quais são os timbres que lhe caracterizam, qual é a sua tendência poética, entre várias outras – têm muito poucas possibilidades de resposta única. Entretanto, como esse livro pretende contribuir com a formação continuada do professor, o que implica refletir sobre ações didáticas, não se pode fugir ao desafio de arriscar delinear aqui uma definição histórica do conceito.

A expressão "canção popular", na acepção que aqui se utiliza, pode ser considerada um conceito ligado à categoria "música popular". Nos termos definidos pelas *Orientações Curriculares para o ensino médio* relativos à História, a categoria é uma "atribuição de compreensão mais ampla a um conceito, relacionada a realidades histórico-sociais semelhantes".

Por exemplo, as categorias trabalho, homem, continente, revolução, etc. Nesse sentido, os conceitos ou categorias são abertos, são vetores à espera de concretizações, a serem elaborados por meio de conhecimentos específicos, de acordo com os procedimentos próprios da disciplina História. No momento em que se atribui a essas categorias suas especificidades históricas, como trabalho assalariado, trabalho servil, trabalho escravo, por exemplo, já se está lidando com conceitos que, por sua vez, poderão receber ainda mais especificações, como trabalho servil na Germânia, na Francônia, e assim por diante; a revolução socialista, a revolução industrial, etc. (MEC, 2006, p. 71).

Partiremos, portanto, de uma reflexão sobre a categoria de "música popular". A música popular é um híbrido de diferentes elementos musicais – não é, portanto, o oposto de "música erudita", como se costuma definir no senso comum. Nesse sentido, em termos históricos, se pensarmos na música folclórica como música popular (o que não é ponto pacífico entre os estudiosos), é fenômeno anterior ao século XX. Na história do Brasil, aliás, a música popular tem sido bastante presente na expressão cotidiana de indivíduos e grupos, sendo destacada como uma produção social importante desde os tempos coloniais.

Entretanto, há um sentido contemporâneo atribuído à categoria "música popular", que é a base para se pensar na concepção de "canção popular brasileira":

> Aquilo que hoje chamamos de música popular, em seu sentido amplo, e, particularmente, o que chamamos "canção" é um *produto do século XX*. Ao menos sua *forma "fonográfica"* [...] *adaptada a um mercado urbano* e intimamente *ligada à busca de excitação corporal* (música para dançar) *e emocional* (música para chorar, de dor ou alegria...). A música popular urbana *reuniu uma série de elementos musicais, poéticos e performáticos* [...]. Sua gênese, no final do século XIX e início do século XX, está intimamente ligada à urbanização e ao surgimento das classes populares e médias urbanas. Esta nova estrutura socioeconômica, produto do capitalismo monopolista, fez com que o interesse por um tipo de música, intimamente ligada à vida cultural e ao lazer urbanos, aumentasse (NAPOLITANO, 2002, p. 11-12; grifos nossos).

Observe-se, então, que a definição de música popular como "um produto do século XX" relaciona esse fenômeno histórico diretamente à sua "forma fonográfica" – ou seja, ao seu registro sonoro em um suporte (disco placa, filme, suporte digital ou outro formato) que lhe dá perenidade e, em última instância, ao desenvolvimento tecnológico industrial do mundo urbanizado.

Como se pode depreender da definição anterior, a canção popular é um formato específico de música popular. Embora o termo "canção popular" já fosse usado, na linguagem coloquial, desde o final do século XIX, apenas no final do século XX o *conceito* passou a ser usado recorrentemente, em estudos acadêmicos, para explicar um fenômeno histórico. Então, o termo ganhou corpo como conceito no final do século passado, para explicar algo que teve início cerca de cem anos antes e que se transformou muito ao longo de todo esse tempo.

Como a categoria maior à qual pertence, a canção é também um híbrido, que se constrói ao colocar diferentes tipos musicais em diálogo. Distingue-se da música popular instrumental, da música erudita, da música folclórica e de outros tipos musicais, embora busque elementos em todos eles.

Em termos mais específicos, pode-se definir a canção como uma narrativa que se desenvolve num interregno temporal relativamente curto (em média, de dois a quatro minutos), que constrói e veicula representações sociais, a partir da combinação entre melodia e texto (em termos mais técnicos, melodia, harmonia, ritmo e texto). Produzida em tempos de indústria fonográfica – no seio dela ou em relação com ela, ainda que marginal –, circula majoritariamente por meio de registros sonoros, sendo veiculada através dos meios de comunicação de massa (rádio, TV e mídias digitais, por exemplo). Como um produto cultural do século XX, apesar de tratar de diferentes temáticas e temporalidades, tem no processo crescente de urbanização e industrialização uma grande referência para a construção das representações sociais que produz, em termos globais, sempre em diálogo com as referências individuais e/ou locais dos sujeitos que a compõem.

Uma característica que define a canção popular brasileira, tal como o conceito é operado aqui, é o fato de ela existir sob a forma de registro sonoro. Em outras palavras, a perenidade da relação entre texto e melodia que a configura, uma perenidade dada pela gravação, que a insere na lógica de produção industrial:

> Se a base rítmica da batucada, por sua sonoridade reiterada, favorece a memorização, o mesmo não se pode dizer da melodia e da letra. Essas se comportam à imagem e semelhança de nossa linguagem cotidiana, na qual o som daquilo que se diz desaparece tão logo a mensagem tenha sido transmitida. [...] os sambas produzidos na casa de Tia Ciata e em vários pontos do centro urbano do Rio de Janeiro nessa época [o despontar do século XX] possuíam justamente as mesmas características da fala que "perdemos" todos os dias: melodias e letras concebidos no calor da hora sem qualquer intenção de perenidade. Se as melodias chegavam a se fixar por algum tempo, os versos alteravam-se ao sabor dos improvisos. Portanto, o encontro dos sambistas com o gramofone mudou a história da música brasileira e deu início ao que conhecemos hoje como canção popular (TATIT, 2004, p. 35).

Além da fixação de um formato musical, a perenidade da canção, dada pela gravação, tem implicações significativas nesse produto cultural, em vários aspectos. A partir do registro, por exemplo, altera-se a noção de autoria e ampliam-se as possibilidades de circulação – distribuição, comercialização e apropriação – e as práticas de fruição (aspectos que serão discutidos na Parte I). Do ponto de vista da análise da canção como fonte, essa característica é essencial: ela não é um produto da inspiração espontânea ou circunstancial, mas de reflexão e trabalho de revisão. Assim sendo, mais forte fica a sua natureza de documento-monumento, porque sua produção está condicionada a diferentes fatores e ela é destinada à perenidade.

Pensar a canção como um produto do crescente processo de urbanização e industrialização também tem implicações importantes. Não exatamente porque a abordagem direta de temas urbanos seja predominante. Ela é até grande, mas talvez não seja majoritária, uma vez que há, na canção popular brasileira, uma tradição de busca das origens (em geral, no passado anterior à urbanização, no homem do campo). De qualquer maneira, mesmo quando as temáticas não são diretamente urbanas, a forma como boa parte dos cancionistas interpreta a vida social tem relação muito direta com os problemas vivenciados pelo homem contemporâneo no meio (e no modo de vida) urbano. Eles são homens de seu tempo e as representações que produzem têm, portanto, muito a dizer sobre o seu presente. Isso implica, ainda, pensar que o estudo da canção – ou feito por meio dela – refere-se à história contemporânea ou à história do tempo presente, direta ou indiretamente.

Se a canção é *uma* das formas da música popular, porque, então, foi escolhida como unidade conceitual básica para as reflexões aqui propostas sobre o ensino de História no ensino médio?

A argumentação de Santuza Cambraia Naves cabe aqui como uma luva. Pede-se emprestada, portanto:

> A escolha da canção se deve a vários motivos. Um deles – e talvez o principal – é a posição hegemônica que essa forma musical adquiriu no cenário musical brasileiro em alguns momentos do século XX, estatuto que lhe foi às vezes conferido pelo público e outras vezes pela crítica (NAVES, 2010, p. 7).

Sobre esse aspecto, aliás, Tatit tem opinião ainda mais incisiva. Para ele, ela não se deu em alguns momentos, mas ao longo de todo o século: "Reservando a forma acelerada para o período de carnaval e as demais para o meio-de-ano o gênero canção virou a 'música' do Brasil e, a partir do movimento bossa nova, a música brasileira de exportação" (TATIT, 2004, p. 44). A canção popular caiu no gosto do público brasileiro – e estrangeiro – de forma arrebatadora, e sua hegemonia no cenário musical é uma das razões para que tenha sido escolhida como unidade básica de análise.

A originalidade da canção popular brasileira é também uma razão importante para que ela tenha sido escolhida como objeto de estudos. Ela representa não apenas hábitos e costumes brasileiros, como também os valores correntes na sociedade num dado momento. Um lugar de encontro entre a música popular e a erudita, uma combinação interessante de densidade com simplicidade, humor e crítica, paixão e dor, "uma das tradições cancionais mais sólidas do planeta", nasceu e desenvolveu-se como se fosse "simplesmente uma outra forma de falar dos mesmos assuntos do dia-a-dia" (TATIT, 2004, p. 72, p. 70), razão pela qual atinge tão diretamente a pessoas de camadas sociais diferentes.

Mas o que significa dizer que a canção popular brasileira *representa* hábitos, costumes, valores, situações, eventos? No universo cancional, a *representação* pode ser pensada em seus múltiplos sentidos (CHARTIER, 2002, p. 61-80; PESAVENTO, 2003, p. 39-62). Em primeiro lugar, como "forma de os homens construírem a vida em comunidade". A canção é um produto cultural humano, uma forma de expressão, uma narrativa que interpreta e constrói o mundo, bem como a existência humana nele. Assim, a canção é, ela mesma, uma representação, pois é uma forma de tratar a realidade: reconhecê-la, falar dela, dialogar com ela e reconstruí-la simultaneamente, atribuindo-lhe sentidos.

Dessa ideia da representação como forma de construir a vida em comunidade, derivam os outros sentidos mais específicos, todos presentes no cancioneiro:

- "presença e exposição da realidade" imediata, do vivido, que nas canções se traduz, em geral, nas crônicas do cotidiano e na crítica de costumes;
- "realidade ausente" trazida para o presente, que nas canções costuma aparecer representada por imagens, metáforas e signos complexos;
- "reconstrução da realidade", muitas vezes expressa nas canções por utopias, desejos e propostas de um novo real.

A narrativa cancional é, basicamente, composta dessas formas de representação, por meio da criação de imagens que se materializam no encontro de melodia e texto. Em alguns casos, há predominância de um tipo de representação sobre as demais, mas nem sempre é possível fazer essa distinção.

Pela natureza ficcional da obra de arte, é muito difícil distinguir se uma canção trata da realidade imediata ou de uma realidade ausente, se ela se refere a uma situação concreta que seus compositores experimentaram/conheceram ou se ela é uma ficção baseada em elementos de realidade. Em geral, as canções misturam os diferentes tipos de representação na narrativa. De qualquer forma, ao criarem as suas narrativas, os cancionistas – os sujeitos que produzem a canção, sob a forma de articulação entre melodia e letra (TATIT, 2002) – têm muito a dizer sobre o seu próprio tempo e as concepções nele presentes, mesmo que o tema da canção se refira a outro tempo histórico (do passado ou do futuro).

As representações se traduzem nos temas abordados, que, por sua vez, podem ter as mais diferentes abordagens melódicas ou poéticas, o que faz com que o conceito de canção popular brasileira abarque diferentes gêneros musicais e poéticos. Os gêneros seriam formas de definir esse produto cultural, seja pelo conteúdo temático da mensagem (canção engajada, canção de amor, canção de protesto, etc.), seja pelo estilo musical (bossa-nova, samba-canção, xote, rock, baião, etc.).

Em grande medida, as análises da canção popular brasileira – tomada como objeto ou como fonte de estudos históricos – incidem sobre a busca de compreensão das representações que ela cria, veicula e alimenta.

Nos próximos capítulos, tomando como referência as características da canção popular brasileira aqui discutidas, serão analisados outros aspectos sobre esse objeto de estudos e suas possíveis abordagens no ensino de História no ensino médio.

ATIVIDADES DE PERCEPÇÃO MUSICAL

1) Este exercício de percepção musical tem o objetivo de auxiliar o professor a refinar a sua compreensão do processo de construção de representações sociais na canção popular brasileira. Observe as letras de canções transcritas a seguir e reflita sobre as questões propostas.

MEUS TEMPOS DE CRIANÇA
Ataulfo Alves (1957)

Eu daria tudo que eu tivesse
Pra voltar aos dias de criança
Eu não sei pra que que a gente cresce
Se não sai da gente essa lembrança

Aos domingos, missa na matriz
Da cidadezinha onde eu nasci
Ai, meu Deus, eu era tão feliz
No meu pequenino Miraí

Que saudade da professorinha
Que me ensinou o beabá
Onde andará Mariazinha
Meu primeiro amor, onde andará?

Eu igual a toda meninada
Quanta travessura que eu fazia
Jogo de botões sobre a calçada
Eu era feliz e não sabia

UM NOVO DIA
Edu lobo e Vinícius de Moraes (1976)

Um novo dia vem nascendo
Um novo sol já vai raiar
Parece a vida, rompendo em luz
E que nos convida a amar

Oh, meu irmão, não desespera
Espera a luz acontecer
Para que a vida renasça em paz
Nesse novo amanhecer

Zunem as abelhas em zoeira a sugar o mel das flores gentis
balem as ovelhas pelo monte, recortadas no horizonte feliz
Vindos a distância cantam galos em longínquos intervalos de sons

Pombos revoando, vão uivando, vão passando nestes céus tão azuis
Ah, quanta cor e luz

E o movimento vai crescendo
Vai aumentando em amplidão
Parece a vida pulsar no ar
O bater de um coração
Sobem pregões vindos da praça
Começa o povo a aparecer
Quem quer comprar neste novo dia alegria de viver?
Quem quer comprar neste novo dia alegria de viver?

CHAZINHO COM BISCOITO
Vander Lee (2003)

O rapazinho lá do 21
Vive de zumzumzum com a tal de Dinorah
Aquela moça lá do 102
Que come ovo com arroz e arrota caviar
O falamansa lá do 103
Que todo fim de mês cisma de viajar
No 104 não mora ninguém
Mas se você quiser alguém pra dividir pode chamar

O bonitão, cabeludo que usa brinco
Morador do 105 me chamou pra passear
Mas tem a bruxa lá do 206
Que quer carona toda vez que o bonitão vai trabalhar
A empregada lá do 207
Fica ouvindo Elizete e deixa o leite derramar

Quando puder passa aqui no 108
Pra um chazinho com biscoito pra gente continuar
A conversar, vou te contar

Na cobertura tem um fã do Sepultura
Que pratica acupuntura com as cordas do violão
No andar de cima é que mora aquela prima
Do cocô do filhote do cachorro do Vilão
Aqui do lado tem um que fica pelado
Dançando sapateado de frente à televisão
Você sabia que o dono da padaria
É primo daquela tia da mulher do seu patrão?

© 2012 Copyright DECK 100,00% by DECK – Todos os direitos reservados

a) Qual dos três tipos de representação social descritos anteriormente é predominante na letra de cada uma das canções? Por quê?
b) Como você definiria o "clima" criado pelas letras das canções?

c) Caso não as conheça, qual é o gênero musical que você imagina que é adequado a cada uma das letras? Procure escutá-las[1] e reflita: a junção entre letra e melodia traduzem o "clima" que você identificou para cada canção? Por quê?

2) Este exercício de percepção musical visa a auxiliar o professor a compreender a adequação entre *o que é dito* e *a maneira de dizer* na canção popular brasileira, ou seja, a adequação entre letra e melodia. A base da atividade é a peça "Carinhoso", uma das mais conhecidas do cancioneiro nacional. Embora a sua melodia seja dos "primeiros tempos" da canção, composta por Pixinguinha em 1917, o casamento com a letra foi bem posterior. Apenas em 1937 João

CARINHOSO (samba-estilizado)
[Alfredo da Rocha Vianna (Pixinguinha) e Carlos Alberto Ferreira Braga (João de Barro – 1937]

Meu coração, não sei por quê
Bate feliz quando te vê
E os meus olhos ficam sorrindo
E pelas ruas vão te seguindo,
Mas mesmo assim foges de mim.

Ah, se tu soubesses
Como sou tão carinhoso
E o muito, muito que te quero.
E como é sincero o meu amor,
Eu sei que tu não fugirias mais de mim.

Vem, vem, vem, vem,
Vem sentir o calor dos lábios meus
À procura dos teus.
Vem matar essa paixão
Que me devora o coração
E só assim então serei feliz,
Bem feliz.

Copyright © 1936 by MANGIONE, FILHOS & CIA LTDA.
Todos os direitos reservados para todos os países do mundo.

---

[1] Todas as versões de canções cujas audiências são sugeridas ao longo deste texto estavam disponíveis, quando de sua elaboração, no *site* <http://www.youtube.com/>. Não foram disponibilizados os *links* originais nesta publicação em função da dinâmica de funcionamento do *site* em questão, que não tem um sistema de postagem centralizado, o que permite que as pessoas incluam ou retirem suas publicações a qualquer momento. Inserindo o nome da canção, de seu(s) compositor(es) e/ou intérprete(s), é possível encontrá-las, caso ainda estejam ali publicadas quando de sua consulta.

de Barro (o Braguinha) escreveu a letra para a canção – segundo Orlando Silva, seu primeiro intérprete, a seu pedido.

a) Repita a letra da canção (ou um de seus versos, ao menos), em voz alta, como se estivesse conversando com alguém. Faça um esforço para "entrar na personagem", como se estivesse vivendo a situação narrada.
b) Em seguida, cante-a, com melodia e letra, como se estivesse "cantando no chuveiro", descomprometidamente, apenas por diversão.
c) Reflita sobre os seguintes aspectos: a) quais os sentimentos e as sensações que a canção lhe causou? b) houve semelhanças e/ou diferenças nas ênfases que deu à canção entre os momentos em que "disse" a letra e o que cantou a canção?
d) Observe, com especial atenção, o primeiro verso do refrão ("Vem, vem, vem, vem"). Na combinação entre texto e melodia, a forma de dizê-lo na canção é ascendente – em termos musicais, em modulação ascendente – o que gera uma expectativa no ouvinte sobre o que virá depois.

- Reflita sobre as diferentes formas de dizer esse verso na linguagem coloquial e, a partir delas, sobre os diferentes significados que ele poderia ter.
- O que tais ênfases revelam sobre as percepções acerca da realidade narrada na canção? Ironia? Humor? Autoritarismo?
- A partir da reflexão proposta nos itens anteriores, analise novamente a proposição: na canção popular brasileira, importa mais a maneira de dizer do que o que é dito. Você concorda com ela ou não? Por quê?

PARTE 1

O CIRCUITO DE COMUNICAÇÕES: DA PRODUÇÃO AO CONSUMO

Muitos são os sujeitos, instituições e veículos de sociabilidade que realizam a canção popular socialmente. Nesse processo, atribuem-lhe significados diversos, nem sempre coincidentes com aqueles que a compõem originalmente. Assim sendo, a compreensão desse fenômeno histórico exige que ele seja observado para além dos aspectos musicais – embora esses sejam essenciais, como se poderá observar.

Analisar historicamente a canção popular brasileira é pensar nela como uma produção cultural, conformada e limitada pelas suas condições de produção, circulação, recepção pelos mais diferentes públicos e pelos muitos usos sociais que dela se pode fazer.

A partir dessas considerações, pode-se pensar que, assim como o campo de pesquisa da história do livro, conhecido (após o alargamento de visão sobre o objeto implementado por alguns pesquisadores) como "história do livro e da leitura", deve-se pensar em uma *história da canção popular e da audiência*. Afinal, a produção cultural completa seu sentido quando circula na sociedade e encontra seus públicos.

Prosseguindo com a analogia entre o livro e a canção, é interessante observar considerações fundamentais do historiador Robert Darnton (2008) sobre a necessidade de alargamento do campo de visão do observador acerca das produções culturais. Refletindo sobre o livro, o autor afirma que, para se ter uma visão de pesquisa global e não fragmentada desse objeto de estudos, seria preciso tentar responder três questões.

Tomem-se de empréstimo as interrogações de Darnton, nelas substituindo o livro pela canção popular brasileira – ambos, afinal, produções culturais inseridas na lógica do mercado –, e surgem complexos problemas de pesquisa:

1) como é que a canção popular brasileira passou a existir?
2) como é que ela chega aos ouvintes?
3) o que os ouvintes fazem dela?

Buscando caminhos para responder a essas questões e enfrentando as dificuldades impostas pelas fronteiras interdisciplinares, Darnton criou um conceito que é, ao mesmo tempo, um modelo de análise: o *circuito das comunicações*. A rigor, o modelo tem como objetivo central o não isolamento das partes do processo de criação, produção, difusão e apropriação do produto cultural, visto que é no conjunto que ele assume características de "fato social – isto é, objeto de escrita e leitura mas também de venda, compra, colecionamento; motivo de censura, crítica e classificação; vítima de esquecimento ou algo retido pela memória coletiva" (VILLALTA, 2005, p. 166). A partir dele, Darnton propõe que os estudos sobre o livro perpassem os processos das esferas de produção e consumo, contemplando os sujeitos neles envolvidos: do autor ao leitor, do editor ao livreiro, passando por fornecedores e críticos.

O modelo do circuito das comunicações dos livros já foi bastante discutido e foram construídas, inclusive, outras propostas, com o intuito de ampliá-lo, pensando na produção de livros em outros tempos e a partir de diferentes processos de trabalho – visto que, originalmente, ele visava a compreender o universo livreiro do século XVIII. Como todo modelo, ele tem limites e deve ser utilizado levando-se em consideração a historicidade do objeto de análise. Entretanto, o que se pretende aqui ao evocar o circuito de comunicações de Darnton não é utilizá-lo como modelo imutável de análise, mas adotar os seus princípios teórico-metodológicos.

Em outras palavras, o que se pretende é apontar a necessidade de se analisar a canção popular brasileira como "fato social". Para tanto, inicialmente, é preciso pensar na ampliação do espectro de sujeitos (individuais e coletivos, pessoais e institucionais) diretamente envolvidos na produção da canção popular brasileira, e, a partir disso, na diversidade de problemas históricos que se pode analisar e na pluralidade de fontes que têm condições de ajudar a resolvê-los. É possível pensar em uma infinidade de documentos históricos sobre a canção popular brasileira: desde a própria canção até as impressões do público, passando por álbuns (LPs, CDs ou DVDs), fonogramas, vestígios de interações nas redes sociais, fotografias, vídeos de performances, depoimentos, biografias, textos de críticos musicais, propagandas de álbuns e shows, reportagens sobre eventos, documentários; os exemplos podem multiplicar-se aos montes.

Múltiplas são as fontes de estudos, múltiplos são os sujeitos que compõem o circuito de comunicações da canção popular brasileira, assim como são complexas as relações entre eles. Além disso, ao longo do desenvolvimento histórico do fenômeno canção popular no Brasil, transformaram-se tanto os sujeitos quanto as relações entre eles.

Sendo assim, é impossível construir-se um modelo fixo e atemporal do circuito de comunicações. O que se pretende, a seguir, é realizar uma série de reflexões sobre a dinâmica de produção, divulgação, circulação, recepção e apropriação da canção popular brasileira, dando destaque a determinados sujeitos, instituições e processos que são condições para a sua existência. Nos casos em que ocorreram mudanças muito significativas no papel de determinados sujeitos no processo, ao longo dos anos, o texto propõe reflexões sobre as transformações/permanências relativas ao ofício e às atividades.

O cancionista

Na elaboração da canção popular como um produto cultural, os cancionistas fazem a tarefa original e radical, que é produzir o encontro entre melodia e letra. Portanto, eles são os "sujeitos-primeiros" do processo. Ao menos de maneira genérica, visto que em muitos casos a canção popular é feita sob encomenda e, assim, sua ideia original reside em outros sujeitos. De qualquer forma, em geral, isso é descoberto por meio do exame do processo de composição, também via cancionista.

Pensando na canção como uma forma específica de junção entre melodia e texto, Tatit atribui ao cancionista uma especificidade: ele é o sujeito que consegue usar a força e a "linearidade contínua" da melodia para convencer o público daquilo que apenas a simplicidade ou a dureza do texto escrito (ou dito) não teriam condições de fazer. Ou, por outro lado, é capaz de usar a "linearidade articulada" do texto para atingir o público com significados que a abstração do som ou a complexidade da harmonia não conseguiriam sozinhas.

Portanto, o cancionista é definido como um malabarista: aquele que equilibra melodia e texto por meio da grandeza do "gesto oral", que "cria uma obra perene com os mesmos recursos utilizados para a produção efêmera da fala cotidiana" (TATIT, 2002, p. 11).

O universo dos cancionistas, especialmente no Brasil, é considerado pelo autor como um "território livre, muito frequentado por artistas híbridos que não se consideravam nem músicos, nem poetas, nem cantores, mas um pouco de tudo isso e mais alguma coisa" (TATIT, 2004, p. 12). É comum, portanto, um cancionista não ser músico profissional e/ou não dedicar-se à escrita de poesia livre da melodia, tampouco de prosa literária. O trabalho do cancionista exige outros pré-requisitos, relacionados menos com os conhecimentos técnicos da música e da literatura, e mais com as percepções da melodia da linguagem cotidiana.

Mas o cancionista é o "sujeito-primeiro" do processo. Assim, ao se analisar a canção popular como produto cultural, é importante tentar compreender o perfil do cancionista que a produziu (ou dos cancionistas, no plural, em caso de composições em parceria, tão comuns nesse campo). Para isso, é importante ter em mente algumas questões, priorizando aquelas que forem essenciais para os objetivos do projeto de estudos em curso.

Algumas questões às quais se deve ter atenção: qual o lugar social desse sujeito? Qual o seu círculo cultural, suas referências, seus interlocutores? Quais suas concepções de mundo, de música, de arte? Ele possui alguma forma de engajamento social? Quais as suas relações/posições/concepções no momento em que produziu a(s) canção(ões)?

Quais as permanências e transformações em sua trajetória profissional? Qual a sua ligação com a indústria fonográfica? Quais são seus temas, melódicos e poéticos, de preferência?

Alguns cuidados devem ser observados no momento de se traçar um perfil do cancionista, a fim de analisar determinada produção sua. É preciso procurar conhecer um pouco de sua trajetória, identificando aspectos gerais, sem dúvida. Mas deve-se evitar enquadrar os sujeitos em modelos estáticos, sem matizar sua atuação ou pensar no contexto específico de produção de uma canção popular.

Isso é muito comum, por exemplo, quando se pensa no sentido político da obra de cancionistas como Chico Buarque e Edu Lobo, que se lançaram durante os festivais da canção, em plena Ditadura Militar. A leitura política de suas obras é uma possibilidade legítima para o ensino de História, dada a grande contribuição que esses cancionistas deram à interpretação da sociedade brasileira, bem como pelo engajamento que marca suas trajetórias. No entanto, não se deve reduzir suas obras à dimensão política, atribuindo esse sentido a todas as suas canções. Não é correto, tampouco, atribuir ao seu engajamento o sentido único de resistência – especialmente à Ditadura Militar, como tem sido comum em livros didáticos e práticas docentes (cf. PEREIRA; HERMETO, 2009).

Exemplificando com uma história verídica: *O grande circo místico* é um álbum de autoria de Chico Buarque e Edu Lobo, produzido em 1982, por demanda do Balé Teatro Guaíra, para um espetáculo de dança. Baseada em poema homônimo de Jorge de Lima, que integra a obra *A túnica inconsútil* (1938), a trilha sonora do espetáculo tem canções que fazem referência ao enredo e às personagens originais – Lily Braun, o *clown*, a atriz, as

Capa do LP *O grande circo místico*, de Edu Lobo e Chico Buarque. Som Livre, 1983.

bailarinas, o homem fera, entre outros, que compunham a história do Grande Circo Knieps.

Há alguns anos, um aluno do ensino médio da região Sudeste foi assistir a um espetáculo de canto coral com o repertório desse álbum, sem conhecê-lo. Ao escutar a canção "Ciranda da bailarina", a reconheceu: "Procurando bem/Todo mundo tem pereba/Marca de bexiga ou vacina/E tem piriri, tem lombriga, tem ameba/Só a bailarina que não tem". Entusiasmado, contou aos companheiros de entretenimento o significado que havia aprendido nas aulas de História: a bailarina representava o Brasil durante a Ditadura Militar. Por quê? Assim como a bailarina de Buarque e Lobo, o país sob arbítrio não tinha nada, não podia nada.

Conhecendo as motivações e o contexto de produção da canção, a narrativa do estudante não tem sentido histórico. De onde surgiu essa interpretação, portanto? De um pressuposto do seu professor de História, que não é raro, derivado de uma inferência direta: se a canção era de Chico Buarque e Edu Lobo, necessariamente era uma peça de resistência à ditadura. Assim, a bailarina seria uma metáfora, cuja tradução poderia ser: todo o mundo tinha liberdade enquanto o nosso país vivia sob uma ditadura militar, só o Brasil-bailarina que não tinha.

Em termos semânticos, a análise do professor faz algum sentido, tem alguma coerência interna. Entretanto, em termos históricos, ela contém e engendra equívocos. O primeiro deles, o pressuposto de que a Ditadura Militar brasileira reduzia-se, de um lado, à falta de liberdade imposta pelo Estado, e, de outro, à resistência da sociedade civil (por exemplo, por meio da arte). Essa é uma representação simplista do período. O segundo equívoco, que mais interessa na presente análise: o professor não interrogou historicamente a canção, nem demandou que os alunos o fizessem. Ele aplicou o pressuposto sobre o engajamento dos compositores a ela e criou uma explicação para o seu conteúdo.

A "Ciranda da bailarina" foi utilizada por esse professor como recurso didático de forma errônea. Ele criou uma versão sobre a canção para "ilustrar" suas concepções prévias sobre o tema que ensinava aos estudantes. Não se ocupou de examinar a trajetória dos cancionistas, não fez qualquer pesquisa sobre o processo de composição dessas canções ou sobre aquele momento da trajetória dos compositores. Tomou como verdades imutáveis os pressupostos sobre o engajamento político de Chico Buarque e Edu Lobo, acabando por produzir falseamentos históricos.

Um outro pressuposto comumente utilizado nas análises escolares que tomam a canção popular como fonte é pensar que todo samba produzido nas décadas de 1930 e 1940 ou estava a serviço do ideário do Estado getulista, constituindo-se em propaganda do governo, ou, pelo contrário, fazia apologia à malandragem. Essas duas posições existiam na sociedade brasileira de então, mas não eram únicas. O pressuposto é reducionista e pode gerar interpretações equivocadas sobre o período.

A análise histórica de sambas produzidos nesse contexto, se feita segundo os procedimentos de pesquisa histórica, pode auxiliar na compreensão da complexidade da sociedade urbana de então. Tome-se como exemplo uma polêmica entre Noel Rosa e Wilson Batista, dois sambistas cariocas de projeção nesse período, sobre a qual uma análise biográfica dos cancionistas, cotejada com a historiografia do samba, tem muito a informar.

Nascido no Rio de Janeiro, em 1910, Noel Rosa era oriundo das camadas médias urbanas, do bairro Vila Isabel. Chegou a ingressar na faculdade de medicina, mas abandonou os estudos, dedicando-se profissionalmente à música. Violonista, tinha uma vida boêmia ativa e foi um artista de sucesso junto ao público, divulgando seu trabalho no rádio: "Na feliz expressão de Hermano Vianna: 'Noel não caiu no gosto das massas. Inventou-o'" (NAPOLITANO, 2007, p. 25). Também gozava de legitimidade entre os pares, integrando, profissionalmente, o grupo dos

> [...] sambistas "intelectualizados" de classe média (Noel Rosa, Orestes Barbosa, Nássara, Mário Lago, Ary Barroso, entre outros) [que] manifestava dois tipos de preocupação: 1) com a presença estrangeira na música e na cultura brasileira, sobre-

tudo após a consolidação do cinema sonoro, a partir de 1932; e 2) com a associação imediata e preconceituosa entre samba e malandragem, preocupados com a ampliação e o circuito de audiência do samba (NAPOLITANO, 2007, p. 25).

Ou seja, Noel Rosa fazia parte de um grupo de sambistas que nem era mero instrumento de propaganda para o Estado getulista, nem apologista da malandragem. Um grupo de preocupações nacionalistas e que se ocupava de legitimar o samba como arte, e o ofício do sambista como trabalho.

A segunda personagem da polêmica, Wilson Batista, nasceu em Campos, em 1913. Vindo de uma camada social popular, tinha alfabetização precária. Mudou-se para o Rio de Janeiro para trabalhar com música, mas começou ganhando a vida como gari. Conheceu o meio artístico da cidade por meio da boemia na Praça Tiradentes. Tornou-se um vendedor de sambas frequente (essa prática era muito comum no campo musical) e seu instrumento era a caixinha de fósforos.

Noel Rosa e Wilson Batista representam bem a ideia de que a canção popular, nesse caso, o samba, é um gênero urbano moderno derivado de um "encontro sociocultural" que se realiza em duplo movimento: "por um lado, das elites e das camadas médias escolarizadas, em processo de afirmação de valores nacionalistas, em busca das 'forças primitivas' da nação; por outro lado, das classes populares, em busca de reconhecimento cultural e ascensão social" (NAPOLITANO, 2007, p. 27).

A polêmica que se travou entre essas duas figuras, expressa numa série de canções, traduz o "encontro sociocultural" no samba – e alguns impasses da sociedade de então. Em 1933, Batista lançou o samba "Lenço no pescoço", que era uma espécie de apologia à malandragem – pensando no malandro como, aquele que "aspira a ser membro da elite, ou seja, ao não-trabalho, mesmo sendo oriundo das classes populares" (NAPOLITANO, 2007, p. 26). Criticando essa composição, no ano seguinte, Noel lançou o samba "Rapaz folgado", no qual recomendava que o colega abandonasse a malandragem, que desvalorizava o ofício de sambista. E sugeria, ainda, que ele não fosse chamado de malandro, mas de folgado, já que era dado ao ócio.

LENÇO NO PESCOÇO
Wilson Batista (1933)

Meu chapéu do lado
Tamanco arrastando
Lenço no pescoço
Navalha no bolso
Eu passo gingando
Provoco e desafio
Eu tenho orgulho
Em ser tão vadio

Sei que eles falam
Deste meu proceder
Eu vejo quem trabalha

Andar no miserê
Eu sou vadio
Porque tive inclinação
Eu me lembro, era criança
Tirava samba-canção
Comigo não
Eu quero ver quem tem razão

E eles tocam
E você canta
E eu não dou

RAPAZ FOLGADO
Noel Rosa (1934)

Deixa de arrastar o teu tamanco
Pois tamanco nunca foi sandália
E tira do pescoço o lenço branco
Compra sapato e gravata
Joga fora esta navalha que te atrapalha

Com chapéu do lado deste rata
Da polícia quero que escapes
Fazendo um samba-canção

Já te dei papel e lápis
Arranja um amor e um violão

Malandro é palavra derrotista
Que só serve pra tirar
Todo o valor do sambista
Proponho ao povo civilizado
Não te chamar de malandro
E sim de rapaz folgado

Batista retrucou com uma outra canção ironicamente intitulada "Mocinho da Vila", clara referência ao lugar de Noel Rosa na cidade, a Vila Isabel. Além de considerar "Rapaz folgado" um "injusto comentário", responde com uma ameaça: "Se não quiser perder/Cuide do seu microfone e deixe/Quem é malandro em paz". O compositor desqualificava o samba da classe média – o "samba de microfone" –, como que reivindicando para si a autenticidade do gênero.

Noel Rosa respondeu a essa composição com uma outra, que se transformou em um de seus maiores sucessos, até hoje muito conhecida e objeto de muitas regravações: "Feitiço da Vila". Nessa resposta, desqualificava a ameaça de Batista: "Lá, em Vila Isabel,/ Quem é bacharel/Não tem medo de bamba". Além disso, criava uma imagem idílica do samba das camadas médias, afirmando sua legitimidade ao associá-lo à civilização e à decência: "Tendo nome de princesa/Transformou o samba/Num feitiço descente/ Que prende a gente".

A polêmica não parou por aí. Diante do sucesso de Noel Rosa, Wilson Batista compôs outro samba, no qual narrava ter ido à Vila Isabel em busca das belezas cantadas no "Feitiço", sem lograr êxito em encontrá-las. Em "Conversa fiada", afrontou: "Eu fui à Vila ver o arvoredo se mexer e conhecer o berço dos folgados/A lua essa noite demorou tanto/Assassinaram o samba/Veio daí o meu pranto".

E a resposta à "Conversa" veio, com "Palpite infeliz": "Quem é você que não sabe o que diz?/Meu Deus do Céu, que palpite infeliz!/Salve Estácio, Salgueiro, Mangueira,/Oswaldo Cruz e Matriz/Que sempre souberam muito bem/Que a Vila não quer abafar ninguém,/Só quer mostrar que faz samba também". Noel Rosa atacou, elegantemente, rendendo homenagem a outros redutos do samba carioca.

Os ataques seguintes de Wilson Batista foram dois sambas, não gravados, mas divulgados em rádio: "Frankenstein da Vila" e "Terra de cego". Pelo primeiro, o cancionista foi recriminado no meio do samba, pois saiu da seara da canção popular e partiu para o ataque pessoal. "Frankenstein" era uma alusão a um defeito físico de nascimento de Noel Rosa, que tinha o queixo atrofiado em função do uso de fórceps no parto. Na composição seguinte, Batista retomaria o debate sobre qual seria o bom samba, se o do morro ou o da Vila, mandando um novo recado para Noel: "És o abafa da Vila, eu bem sei,/Mas na terra de cego/Quem tem um olho é rei". E arrematava, criticando o "samba intelectualizado": "Em versos podes bem desabafar/Pois não fica bonito /Um bacharel brigar".

Solicite a seus alunos que façam uma pesquisa sobre o "duelo musical" entre Wilson Batista e Noel Rosa. Sugira que eles façam um levantamento de todas as canções que compuseram a polêmica e, ainda, que procurem identificar os argumentos de cada cancionista, a partir do seu lugar social. No momento de socialização dos resultados de pesquisa, leve para a sala de aula a capa do LP aqui reproduzida e peça aos alunos que analisem a caricatura que apresenta o seu conteúdo, a partir dos resultados de pesquisa que obtiveram. Então, divida a turma em dois grupos, cada um deles responsável por defender a produção e os argumentos de um dos sambistas. Oriente os grupos para que produzam um material sobre o duelo para ser apresentado em sala como se fossem "sujeitos históricos dos anos 1930": versões das canções (sempre em samba, gênero que está em debate nas canções), reportagens de jornal, programas de rádio, debates cotidianos de fãs e colegas de profissão dos cancionistas e outros. Organize uma dinâmica de apresentação do material produzido sobre a polêmica em sala de aula, realizando um exercício de "empatia histórica".

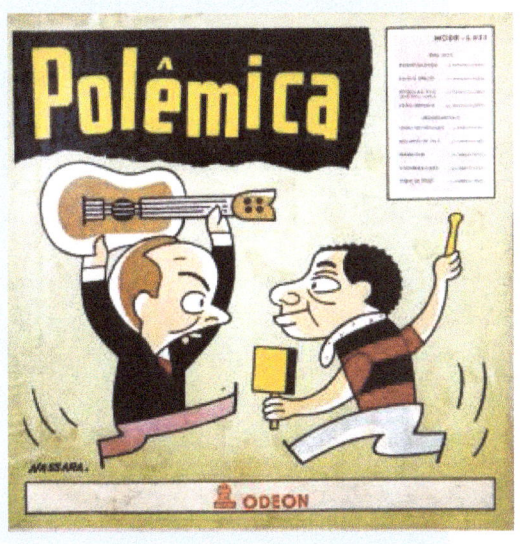

Capa de LP da gravadora Odeon (1956), com o registro das canções da polêmica entre Noel Rosa e Wilson Batista.

Encerrando a polêmica – que, aliás, parece não ter chegado a impedir a convivência social dos dois compositores –, Noel Rosa fez uma letra para a melodia de "Terra de cego", tratando de outro tema. Dirigida a uma mulher, a canção "Deixa de ser convencida" deslocava para o amor a atenção dos ouvintes, fosse o público, fossem os colegas de profissão. Constituiu-se, assim, uma parceria musical entre os polemistas, um autor da melodia, outro do texto.

O duelo musical, que durou cerca de três anos, representa bem os valores que estavam em jogo na sociedade brasileira dos anos 1930: o trabalho e o não trabalho, a malandragem e o profissionalismo, o desejo de ascensão social das camadas populares e o desejo de construção de legitimidade das camadas médias. Mas o exame das canções não se faz suficientemente sem a compreensão de quem foram e como se relacionaram – entre si e na sociedade – os dois cancionistas.

Mas, para além dos cancionistas, os "sujeitos-primeiros" da canção popular, quase sempre são outros os sujeitos que concretizam a versão final desse produto cultural, trazendo contribuições fundamentais para a atribuição de sentidos sociais a ele: arranjadores, intérpretes, produtores musicais, gravadora (e política institucional) e os responsáveis pela divulgação da canção como produto, além do público consumidor, é claro.

Os *performers*

A atuação dos *performers* – arranjadores, instrumentistas e cantores – determina, em grande medida, o formato final da canção. Especialmente no caso da música popular, na qual a sua liberdade com relação à composição original e à notação musical clássica (nem sempre registrada, aliás) é muito grande.

Muitas vezes, os *performers* imprimem sua marca na canção de tal forma que passam a ser tratados, eles próprios, como cancionistas – muitos deles nunca tendo se dedicado ao ofício de compor. Especialmente os cantores, cuja atuação é mais notada pelos ouvintes leigos em música, inclusive porque é em torno da sua figura que a indústria fonográfica se engendra, em grande medida. O público aguarda o último CD de Ivete Sangalo ou de Marisa Monte, e apenas uma pequena parcela dele se ocupa de observar quem são os compositores, os instrumentistas ou os arranjadores que realizaram o trabalho coletivo.

Um exercício interessante para se refletir sobre a importância da performance (vocal, e corporal) do cantor na construção dos sentidos sociais da canção popular brasileira é observar, no dia a dia, a quem as pessoas atribuem a autoria de peças que se tornaram muito conhecidas em função de determinada gravação.

Não é raro tratarem "Homem com H" como uma canção de Ney Matogrosso, "O bêbado e a equilibrista" como de Elis Regina ou "Cara valente" como de Maria Rita. Seus compositores – respectivamente, Antonio Barros, a dupla João Bosco e Aldir Blanc, e Marcelo Camelo – muitas vezes não são lembrados (e nem conhecidos) pelos ouvintes, especialmente quando não são, também, intérpretes de destaque no cenário da indústria fonográfica, como é o caso do primeiro deles.

A performance vocal e corporal do cantor tem tamanho peso, junto com o arranjo e sua execução musical, que costuma atribuir sentidos marcantes à canção popular. Tome-se como exemplo, novamente, "Homem com H". Na letra da canção, o narrador conta que sua mãe, durante a gravidez, desejava ter um filho homem. E se apresenta, afirmando sua masculinidade: "Mamãe, aqui estou/Sou homem com H/E como sou!/Nunca vi rastro de cobra/Nem couro de lobisomem /Se correr o bicho pega/Se ficar o bicho come /Porque eu sou é homem/Porque eu sou é homem/Menina eu sou é homem/ Menina eu sou é homem".

Ali já aparece um humor irônico relativo à necessidade de auto--afirmação do narrador, cuja sexualidade deve ser confirmada por elementos externos: "Já estou quase namorando/Namorando pra casar/A Maria diz que eu sou/Maria diz que eu sou/Sou homem com H" ou "e com H sou muito homem/Se você quer duvidar/Olhe bem pelo meu nome".

A performance de Ney Matogrosso, vocal e corporal, realça as tonalidades de ironia e humor da canção, tornando-as marca registrada. O próprio artista define o que foi gravar essa canção:

> É o forró de um autor da Paraíba. Foi uma música trazida pelo produtor Mazola e que relutei muito em gravar. É a grande brincadeira do disco *Ney Matogrosso*, de 1981. Até então eu não havia me permitido "brincar" em discos. Em shows, sempre brinquei. Um dia, eu estava saindo do estúdio com o Gonzaguinha, que me ouvira cantar "Homem com H". Perguntei se ele achava que eu devia incluí-la no disco. Ele disse "claro, essa

música é a sua cara". Me disse [que] o fato de estar cantando aquilo, seria instigante. Então concordei. E o fato é que foi um choque: as pessoas acharam que eu estava falando sério. No entanto, eu estava brincando. Como brinquei quando cantei "Telma, eu não sou gay." (Ney Matogrosso, [s.d.] <http://www2.uol.com.br/neymatogrosso/depoim09.html>)

O contraste entre letra e voz é interessante: a voz do intérprete tem um registro mais agudo do que a média masculina, o que soa dissonante do vigor com que cada verso é dito, criando o clima de ambiguidade.

A performance corporal de Ney Matogrosso,[2] uma característica de sua atuação desenvolvida desde os tempos da banda Secos e Molhados (1973) que ele ainda usava de maneira exacerbada quando da gravação dessa canção, dá a ela um tom de ironia ainda mais forte. A coreografia traz elementos culturalmente associados ao movimento feminino na nossa cultura: rebolado marcado nos quadris, grande movimentação de ombros e cabeça. O movimento de pernas alterna-se entre os curtos passos do forró (que o homem usa para conduzir a dama, mas que, aqui, são realizados solitariamente) e gestos maiores – esses, marcados pelos acordes seguidos de pausa no arranjo da canção, vocalizados com as palavras "cobra, pega, bicho, come", entre um verso e outro. Vez ou outra, durante a dança, o artista mostra o "muque", movimento reconhecido como expressão de afirmação da masculinidade.

A coreografia é acentuada pelo figurino, com muitos elementos associados ao feminino: a calça de cintura baixa, que deixa os quadris à mostra, o sapato de saltos altos e o dorso nu ou seminu, nesse caso coberto por uma espécie de bata de franjas, que se movimentam largamente durante a dança. Finalmente, a expressão facial hiperbólica sobressai com a maquiagem, também associada ao feminino: forte contorno preto dos olhos, boca coberta de batom vermelho e maçãs do rosto destacadas por *blush*.

---

[2] Há diferentes vídeos disponíveis com a performance de "Homem com H" por Ney Matogrosso. Fique atento para escolher um vídeo que apresente a performance corporal do artista, preferencialmente em palco, ao vivo. Deles, destaca-se a gravação realizada durante seu show no Canecão, relativo ao disco *Ney Matogrosso* (WEA, 1981), que foi a principal base da análise apresentada no texto.

Esse pode ser um bom documento para discutir as temáticas de gênero e diversidade sexual a partir de um viés histórico. Leve o vídeo para a sala e sugira aos seus alunos que identifiquem na performance de Ney Matogrosso as representações relacionadas ao "masculino" e ao "feminino" na sociedade. Discuta com eles a abordagem bem-humorada que o conjunto do documento (letra, melodia, arranjo e performance do cantor) traz sobre as pressões sociais relativas à identidade sexual dos sujeitos e às contradições ali representadas. É possível, ainda, buscar outros depoimentos do intérprete em entrevistas na imprensa e em seu site pessoal, a fim de mostrar aos alunos as dificuldades que ele enfrentou, especialmente com a censura de tipo moral, nas décadas de 1970 e 1980, em função de sua performance.

Perfomance de palco de "Homem com H", por Ney Matogrosso. Show no Canecão, Rio de Janeiro, 1981.

No conjunto, enquanto a letra da canção afirma a masculinidade do narrador (em sua ambiguidade), a performance acentua a feminilidade. E a melodia alegre do forró, por sua vez, projeta o humor e a irreverência.

Mas não se deve pensar que a performance que informa, e que é digna de atenção, é somente a expansiva e colorida. A forma de apresentar uma canção popular sempre tem algo a dizer sobre as representações de mundo contidas nesse produto cultural e na forma como elas são compreendidas pelo artista. Uma das performances mais analisadas no cancioneiro brasileiro, a de João Gilberto, tem direção completamente diferente da que foi analisada anteriormente. No caminho da contenção e do minimalismo, João Gilberto inovou a forma de fazer música, alinhando-se com o ideário modernizador do Brasil nacional-desenvolvimentista do final dos anos 1950.

A bossa-nova surgiu num momento em que as ideias desenvolvimentistas estavam no apogeu e eram levadas à prática pelo governo do presidente Juscelino Kubitschek de Oliveira. A palavra de ordem era "modernização", projeto que se estendia da esfera econômica para a cultural.

Consideremos, no entanto, que a palavra "modernidade" não tem um sentido fixo, adquirindo em cada momento histórico uma conotação própria. Ser moderno, portanto, naquele momento, significava não só aderir ao processo de urbanização, mas também assumir uma atitude cosmopolita e objetiva tanto no plano socioeconômico quanto no cultural. Assim, ser moderno para os artistas, era sobretudo adotar a estética do menos, do despojamento radical, e rejeitar as tradições comprometidas com o excesso (NAVES, 2010, p. 25-26).

O LP *Chega de saudade*, de João Gilberto, lançado em 1959, é um marco importante dessa proposta, e a ele muitos cancionistas da geração seguinte atribuem uma influência direta na forma de fazer música. Especialmente a faixa título, composta por Tom Jobim e Vinícius de Moraes, tornou-se uma referência importante. Ela já havia sido registrada por Eliseth Cardoso, no mesmo ano, mas foi no disco de Gilberto que apresentou-se como "moderna" no conjunto, com uma característica fundamental da bossa-nova: a complementaridade entre letra e música. Do *cool jazz*, retiraram-se os excessos da interpretação vocal; do samba, os excessos da percussão – e a canção transformou-se num diálogo melodizado.

Embora dono de uma voz potente, João Gilberto exercitou a interpretação até alcançar uma forma de cantar quase falada, contida, em contraposição ao *bel canto*. Sua voz pequena não é, como o senso comum aponta com frequência, falta de recurso

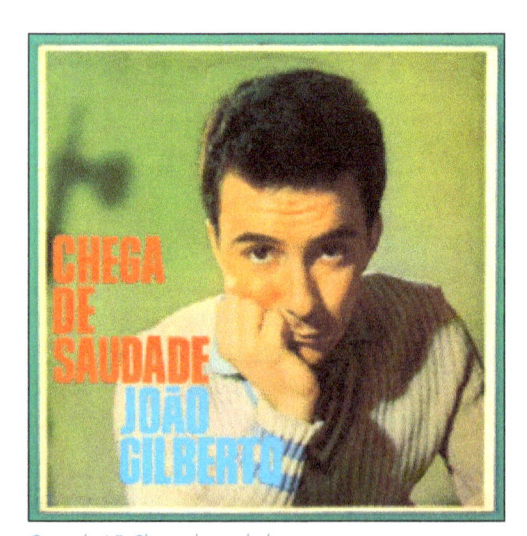

Capa do LP *Chega de saudade*, de João Gilberto. Odeon, 1959.

vocal natural. Ao contrário: é uma proposta de arte, uma visão de mundo, uma performance estudada. Proposta que só é possível com o uso do microfone, que permite que o registro falado, o quase sussurro, chegue bem aos ouvidos do público (aliás, aqui cabe um parêntese: o desenvolvimento dos recursos eletroacústicos e a tecnologia da indústria fonográfica são elementos importantíssimos do circuito de comunicações da canção popular).

> Sugira aos alunos que assistam a um dos vídeos das apresentações de João Gilberto em sua turnê brasileira de 2008, em comemoração aos 50 anos da bossa-nova. Estimule-os a identificar os elementos da performance que os agradam e os que os desagradam, bem como o que eles consideram "moderno" ou "antigo". Ao final, problematize com eles a historicidade do conceito de "modernidade", a partir de um exercício de empatia histórica: o que era considerado moderno nessa performance, quando ela surgiu? Quais as novidades que ela trouxe? O que foi incorporado às práticas musicais brasileiras? O que ainda continua moderno?

Também o papel que João Gilberto atribui ao violão pode mostrar o quanto a performance do instrumentista, e não apenas a do cantor, tem implicações nos sentidos na canção popular. Em sua atuação, o violão deixou de ser mero pano de fundo para a projeção da voz. "O instrumento deixa de servir como acompanhamento vocal e passa a ocupar um plano tão importante quanto o da voz, resultando dessa mudança um embate tenso e criativo entre voz e violão" (NAVES, 2010, p. 27).

A estética bossa-novista de "um banquinho e um violão" – da qual João Gilberto é precursor e Nara Leão se tornou ícone – representa também a modernidade do nacional-desenvolvimentismo brasileiro dos anos 1950. É uma forma de expressão corporal que combina com o intimismo, com o despojamento a elegância urbana que era modelar.

Como se pode perceber com o caso de João Gilberto, não apenas os cantores, mas também os instrumentistas são *performers* fundamentais na construção do formato final da canção, bem como de seus sentidos sociais.

O choro "Brasileirinho" é um exemplo interessante dos formatos que uma canção popular pode ter, a partir de sua execução por diferentes instrumentistas, com timbres (instrumentos) e expressões diversos. Gênero tipicamente brasileiro, o choro (ou chorinho, como é popularmente conhecido), surgiu no final do século XIX, derivado da polca – é comum a referência de que o choro é a polca que incorporou a síncope do batuque. Tendo evoluído "de música dançante para música virtuosística", era feito em "grupos de choro" com a seguinte formação: uma flauta e outro instrumento solista, dois violões e um cavaquinho (SEVERIANO, 2008, p. 34).

"Brasileirinho" foi composto por Waldir Azevedo, cavaquinista, uma das revelações de sua geração, líder de um dos mais importantes conjuntos regionais do Rio de Janeiro entre as décadas de 1930 e 1940. Considerado um dos maiores chorões de seu tempo, tornou-se campeão em vendagem de discos. Sua interpretação do instrumento era marcada pela obtenção de uma sonoridade mais cheia e volumosa do que a habitual, além de um acabamento fino. Por isso, ele deu ao cavaquinho papel de protagonismo na execução dos choros.

> "Brasileirinho", o primeiro sucesso, é uma composição diferente da maioria dos choros da época, o que causou impacto. De andamento rápido e melodia aguda, chama a atenção principalmente por sua alegre vivacidade. Composto em 1947, a partir de um tema desenvolvido sobre a corda ré (prima) do cavaquinho, já havia sido muitas vezes executado na rádio antes de chegar ao disco (SEVERIANO, 2008, p. 313).

O cancionista chegou ao auge do sucesso em 1951, com carreira de projeção nacional e internacional. Manteve-se relativamente afastado da atividade musical por algum tempo, desde meados da década de 1960, e sofreu um acidente que lhe amputou um dedo de uma das mãos, no início da década seguinte. Tendo obtido sucesso no implante do dedo, voltou a tocar e se apresentar. Em 1979, viveu um último momento de glória, pouco tempo antes de morrer: ganhou um espetáculo em sua homenagem, com presença de personalidades da música, no Teatro Municipal de São Paulo. "Brasileirinho" foi sucesso em gravação do próprio compositor e teve várias outras gravações.

Destaca-se uma delas, para os propósitos de comparação de performance: a dos Novos Baianos, no álbum *Caia na estrada e perigas ver* (Tapecar, 1976). Aí, o choro foi reinterpretado a partir da proposta do grupo, que Paranhos (2004) considera um liquidificador sonoro com ares de cosmopolitismo.

BRASILEIRINHO
Waldir Azevedo

O brasileiro quando é do choro
É entusiasmado quando cai no samba,
Não fica abafado e é um desacato
Quando chega no salão.

Não há quem possa resistir
Quando o chorinho brasileiro faz sentir,
Ainda mais de cavaquinho,
Com um pandeiro e um violão
Na marcação.

Brasileirinho chegou e a todos encantou,
Fez todo mundo dançar
A noite inteira no terreiro
Até o sol raiar.
E quando o baile terminou
A turma não se conformou:

Brasileirinho abafou!
Até o velho que já estava encostado
Neste dia se acabou!
Para falar a verdade, estava conversando
Com alguém de respeito
E ao ouvir o grande choro
Eu dei logo um jeito e deixei o camarada
Falando sozinho.
Gostei, pulei,
Dancei, pisei até me acabei
E nunca mais esquecerei o tal chorinho
Brasileirinho!

Em um vídeo de apresentação da canção, Baby do Brasil (que usava, à época, o nome artístico de Baby Consuelo), solicitada pelos parceiros a falar sobre a canção que apresentariam, diz:

> Eu vou cantar essa música, porque a juventude precisa também saber disso. De "Brasileirinho". De todas essas músicas "picadinhas", que já estava esquecido (*sic*). Isso é a coisa mais *pop* que tem no Brasil, eu acho isso. [...] Você sabe, né? Para a juventude ficar por dentro, a gente tem que mandar como eles entendem, e depois eles vão sacar. Vamos lá!

Explicita, portanto, a proposta do grupo de trabalhar com peças que já estavam consagradas, apresentando-as com nova roupagem e proporcionando um diálogo maior da "juventude", seu público, com um outro tipo de *pop*, um "*pop* tradicional".

A canção é toda executada em andamento acelerado, como na gravação instrumental (sem letra) de Waldir Azevedo. Destaca-se o som grave do baixo elétrico, fazendo a marcação rítmica ao longo de toda a canção. A percussão, feita sobretudo por pandeiro e atabaques, traz a sonoridade tradicional. E, entre os solos vocais, um dos famosos solos de guitarra de Pepeu Gomes – não muito longo, mas marcado pela improvisação e pelas cores do rock – faz as vezes do solo de cavaquinho do choro original.

Cabe destacar, também, elementos importantes da interpretação vocal de Baby do Brasil, que trazem nova forma à canção. Respeitando o andamento acelerado do choro, num canto muito expressivo, as frases são entoadas como numa conversa ágil, com boa dicção – mas num registro mais próximo ao do grito do que ao da fala. Além disso, entre os versos, durante o solo da guitarra, ela faz alguns vocalizes típicos do rock, não do choro.

Essa proposta de mudança de timbres e de forma de narração se faz explícita quando, ao dizer a letra pela segunda vez, a intérprete substitui algumas das palavras de um dos versos do choro: "cavaquinho" por "guitarra", "pandeiro" por "bateria" e "violão" por "baixão". O verso é, então, apresentado em paráfrase do original: "Não há quem possa resistir/Quando o chorinho brasileiro faz sentir/Ainda mais de *guitarra, bateria*/E *um baixão* na marcação". O tom de atualidade também se explicita na substituição da expressão "eu dei logo um jeito" pela gíria "eu meti os peito" (*sic*) no verso seguinte: "E ao ouvir o grande choro/*Eu meti os peito* e deixei o camarada/Falando sozinho".

Peça aos alunos que procurem na internet duas gravações do choro "Brasileirinho": uma de Waldir Azevedo, seu compositor, e outra de Ademilde Fonseca, considerada a "rainha do choro". Peça que eles procurem identificar o tema da canção, os instrumentos que compõem cada um dos dois arranjos, e que procurem definir que sentimentos cada gravação lhes despertou. Em sala, ao promover um debate sobre a audiência, procure levá-los a identificar quais as representações de "Brasil", "brasileiro" e "brasilidade" as gravações do choro apresentaram. Em seguida, apresente o vídeo da gravação dos Novos Baianos, discutindo as semelhanças e diferenças entre as propostas de apresentação da canção – inclusive no que se refere às representações de "Brasil" e categorias afins.

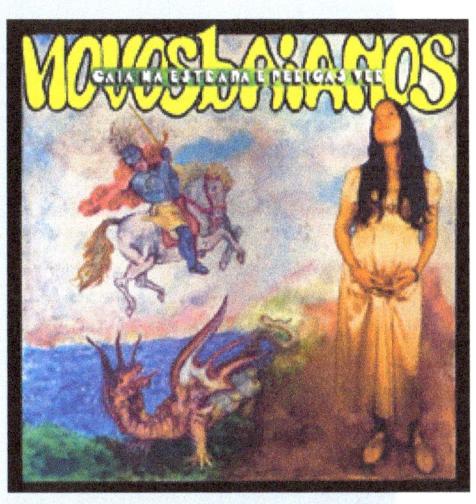

Capa do LP *Caia na estrada e perigas ver*, dos Novos Baianos (Tapecar, 1976).

O conjunto dos instrumentos – em especial a sonoridade do baixo e da guitarra – e da voz, da forma como a interpretação foi conduzida, atribuem à canção-crônica um certo clima de afronta, em vez da leveza que a combinação tradicional de cavaquinho, violão e flauta dá ao choro.

O *performer* menos visível para o ouvinte é o arranjador – o que, de maneira nenhuma, significa que sua presença seja menos importante ou menos perceptível aos ouvidos e aos sentidos de quem escuta uma canção popular.

Como mencionado anteriormente, Tatit chama a atenção para o fato de que o cancionista não é, necessariamente, músico. Na maior parte das vezes, o acabamento musical é dado à canção popular pelos instrumentistas e, ainda mais frequentemente, pelos arranjadores. Eles são responsáveis, por exemplo, pelo tratamento harmônico da canção, pela escolha dos timbres a usar em um arranjo e pela forma de interação entre esses timbres. E essas escolhas, é claro, concorrem não apenas para o formato final da canção, mas também para o conjunto de representações que ela traz, coroando musicalmente o casamento entre melodia e letra.

Para compreender a importância desse *performer*, o arranjador, observe-se o caso de "Aquarela do Brasil". Essa canção, como já destacado na seção anterior, inaugurou o gênero samba-exaltação, estimulado pelo Estado Novo como um instrumento de diversão e civilização, a um só tempo.

O pesquisador Ricardo Lima (2008) analisa o processo de monumentalização do samba em "Aquarela do Brasil", que resultou em sua elevação à categoria de canção-modelo de brasilidade e de nação – condição endossada tanto pelo Estado, quanto pelos ouvintes. E reflete: "A transformação daquele samba pulsante, aos moldes dionisíacos [...], em um samba jazzístico apolíneo, se deu, do ponto de vista estético, por alguns motivos" (LIMA, 2008, p. 82). Um deles, de suma importância, o processo de composição do arranjo.

Lima considera equivocada a crença de que Ary Barroso teria produzido o samba para atender aos propósitos do Estado Novo. Embora esse cancionista possa ser considerado getulista e fosse participante ativo dos eventos culturais produzidos pelo Estado, "não há nada em "Aquarela", que, de antemão, a denunciasse como um instrumento de propaganda política da ditadura getulista" (LIMA, 2008, p. 80). Em seu processo de finalização, divulgação e circulação, o samba – e seu formato – foi apropriado pelo Estado Novo como símbolo e como linguagem.

A letra do samba já era consoante com o desejo de um grupo de intelectuais que trabalhavam no "saneamento poético" do samba, buscando transformá-lo em elemento civilizatório. Por exemplo, "o malandro é transmutado em *mulato inzoneiro* e a mulata em *morena sestrosa*" (LIMA, 2008, p. 78). Mas os parâmetros musicais construídos pelo arranjo do maestro Radamés Gnattali contribuíram muito para a construção de um novo modelo de samba.

Assinado pelo maestro, o arranjo, no entanto, não pode ser atribuído apenas a ele. A escolha do arranjador e a indicação de alguns elementos fundamentais do formato foram já escolhas do cancionista. Ary Barroso declarou uma condição para o registro da canção: a de que não fosse gravada por um grupo regional (cuja composição tradicional à época era o trio flauta-violão-pandeiro). Indicou um arranjo orquestrado e o nome do maestro Radamés Gnattali.

É importante ressaltar que a escolha foi definitiva para a atribuição de monumentalidade a "Aquarela", já que a o arranjo e a interpretação orquestrados atribuiram legitimidade à peça (e ao gênero samba), que apresentava já a marca do povo nos elementos poéticos.

Gnattali, embora assine o arranjo, declarou tê-lo realizado para atender a uma demanda do compositor, colocando-a nos lugares devidos. E os lugares parecem mesmo ter sido acertados. Barroso sugeriu que se deslocasse o ritmo sincopado do samba, que tradicionalmente ficava a cargo dos tamborins, para o contrabaixo, instrumento de timbre muito mais grave e "pesado". Isso manteria na canção a referência africana dos batuques, deixando-a mais suave – o que Napolitano (*apud* LIMA, 2008) considera ser uma tentativa de superação da sensualidade do samba, e um processo de "divinização" do gênero.

Peça aos alunos que escutem a gravação de "Aquarela do Brasil" com o arranjo de Radamés Gnattali e que procurem identificar qual é a sonoridade mais marcante nele. Estimule-os, ainda, a comparar essa gravação com as de outros sambas, com arranjos tradicionais, a fim de cotejar os timbres que se destacam em uma e outras. Discuta com eles, por fim, as diferenças entre a representação de um país que tem "o ritmo do samba marcado pelo tamborim" e a de um país que tem "o ritmo do samba marcado pelo saxofone".

Maestro Radamés Gnattali (de branco) regendo a orquestra da PRE-8, Rádio Nacional. (Arquivo Museu da Imagem e do Som. Fonte: <http://www.radamesgnattali.com.br/site/default.htm>.

O maestro Gnattali usou a sugestão do deslocamento, mas escreveu o arranjo com o ritmo sincopado nos timbres dos metais (os saxofones, nesse caso). Não colocou o ritmo sincopado mais grave, no contrabaixo, como havia sido sugerido, mantendo algo do agudo nele. Mas o sofisticou, dando-lhe cores jazzísticas com o naipe de saxofones – o que se configurou no "motivo musical que se transformará na *assinatura sonora da nação*" (LIMA, 2008, p. 84).

Esse arranjo tem tamanho peso na memória nacional que, ao pensar em "Aquarela", boa parte das pessoas recorda-se dos acordes do tema interpretado pelos saxofones de Gnattali. Tamanho peso, quiçá, na memória internacional sobre o Brasil, visto que, após o registro, o samba rodou o mundo como símbolo do país, e é, ainda hoje, uma das canções brasileiras mais gravadas no exterior.

A indústria fonográfica brasileira: breve trajetória histórica

A canção popular é arte, é produto cultural, mas é, igualmente, produto de mercado. Uma aparente contradição: a liberdade da criação e da expressão artística combinada com a produção em formato industrial.

A análise dos elementos que compõem essa aparente contradição é imprescindível para sua compreensão, porque a indústria fonográfica, seus sujeitos e processos, são elementos que constituem a base do circuito de comunicações da canção popular brasileira. Tal análise incide sobre a lógica de produção da indústria fonográfica e de seu mercado correlato.

> A indústria fonográfica brasileira é constituída por uma rede de produção e distribuição de um dos principais produtos de consumo da indústria cultural: a música gravada. O seu consumo gera um mercado que hoje é o sexto maior do mundo. [...] Além das companhias gravadoras (*majors* e independentes), que protagonizam este cenário, encarregadas da produção e venda de gravações em seus vários formatos, o mercado fonográfico, em última análise, compreende também a atuação da imprensa especializada, dos fabricantes e distribuidores

de equipamentos, como instrumentos musicais, aparelhos de gravação e tecnologia de reprodução; dos contratos de comercialização, *royalties* e direitos autorais, além dos empresários particulares e os chamados "agenciadores de licenciamento" (SILVA, 2001, p. 1).

A primeira gravadora instalada no Brasil, em 1900, foi a Casa Edison, de propriedade de Frederico Figner, que, já em fins do XIX, convidou os cantores de música popular para testar a tecnologia de registro sonoro. Nesse contexto, as canções acabaram ganhando destaque, pois não eram tão percussivas quanto os lundus, nem tão "musicais" quanto os chorinhos. Segundo Tatit, o registro da percussão em estúdio, com recursos limitados, era difícil; e os autores das peças mais "musicais" não se sentiam tão atraídos pelo registro fonográfico, uma vez que, tendo formação musical, já garantiam a circulação e a perenidade de suas peças por meio das partituras, amplamente comercializadas.

Em 1913, após ter se associado à Odeon alemã, o empresário fundou a Fábrica Odeon, pioneira na prensagem de discos no país, e dominou o mercado fonográfico brasileiro até meados da década de 1920. Nesse período, a sua tecnologia de gravação e reprodução ficou obsoleta, em função do sucesso de desenvolvimento de novos equipamentos pela Victor Talking Machine Company. Com o emprego sistema elétrico para gravação e produção de discos, a Odeon europeia se instala no país, desvinculando-se de Figner e fazendo frente à concorrência de Victor e da Columbia Records, ambas já estabelecidas aqui.

O desenvolvimento da tecnologia de gravação, com a substituição do processo mecânico, proporcionou um outro tipo de mudança no mercado fonográfico: a forma de cantar foi se aproximando cada vez mais da fala cotidiana, do que Tatit (2004) chama de "forma entoativa".

> O novo processo teve início em julho de 1927 e somente em agosto de 1928 a Odeon lançou o primeiro disco de Mário Reis (1907-1981), o cantor que seria símbolo do novo jeito de interpretar o samba e outros gêneros musicais brasileiros. [...]

> Pouco depois da estréia do cantor, seriam instalados no Rio os estúdios e as fábricas de mais quatro multinacionais do disco, a Parlophon, a Columbia, a Brunswick e a Victor, todas dotadas do equipamento de gravação elétrica (CABRAL apud SILVA, 2001, p. 5).

A indústria fonográfica é, ainda hoje, domínio das *majors*, as grandes gravadoras, em geral transnacionais, o que tem implicações sérias sobre o mercado, em termos culturais e econômicos. Dois processos que mostram a complexidade da configuração da indústria fonográfica no país são o de regulamentação da produção da canção popular brasileira e o crescimento e a organização da música independente.

O processo de regulamentação da produção da canção no Brasil começou, ainda em 1917, com a fundação da Sociedade Brasileira de Autores Teatrais (SBAT), que se tornou responsável pelo recolhimento dos direitos autorais, inclusive para as composições musicais (ainda muito vinculadas ao teatro nesse momento). Na SBAT, Chiquinha Gonzaga foi uma figura de destaque, tendo sido a única mulher dentre os 21 fundadores e acompanhado, de perto, a atividade da sociedade.

A regulamentação do setor e a proteção da produção fonográfica nacional sempre foram difíceis, visto que as multinacionais tinham facilidade e interesse na distribuição do material produzido fora do país – ainda na década de 1930 começaram a se organizar instituições nacionais de regulamentação e proteção da canção popular.

Por exemplo, data de 1938 a Associação Brasileira de Compositores e Editores (ABCE); quatro anos depois, foi criada a União Brasileira de Compositores (UBC), reunindo membros da ABCE e os que ainda estavam afiliados à SBAT. "Em 1973, um decreto presidencial cria o Conselho Nacional do Direito Autoral (CNDA) e o Escritório Central de Arrecadação de Direitos (ECAD), controversa instituição com o intuito de regular a atividade deste setor" (SILVA, 2001, p. 5-6).

Em meados da década de 1970, um movimento, que ficou conhecido como SOMBRÁS (Sociedade Musical Brasileira), reagiu frontalmente à política de controle dos direitos autorais, denunciando o papel dos grandes conglomerados fonográficos e em defesa do autor – da qual, atualmente, a AMAR-SOMBRÁS (Associação de Músicos Arranjadores e Regentes-Sociedade Musical Brasileira) se considera herdeira direta.

Nesse momento, as transnacionais já dominavam um mercado fonográfico brasileiro completamente segmentado, com uma política de produção e gestão industrial. As quatro maiores empresas do setor – Phonogram, Odeon, CBS e RCA – possuiam "infra-estrutura capaz de desenvolver todo o processo de produção" (Dias, 2008, p. 78), da gravação (com estúdios muito bem equipados) à prensagem; as três empresas que as seguiam no mercado eram as nacionais Continental, Sigla e Copacabana. Embora o faturamento das empresas não fosse proporcional ao seu tamanho, confirmava os dados de liderança de mercado:

> Estima-se que em 1979, as empresas dividiam o faturamento na seguinte proporção: Som Livre, 25%; CBS, 16%; PolyGram, 13%; RCA, 12%; WEA, 5%; Copacabana e Continental, 4,5% cada uma; Fermata, 3%; Odeon (EMI), 2%; TopTape e Tapecar cada uma, 1%; outras 11%. Considerando a natureza peculiar e as condições privilegiadas desfrutadas pela Som Livre [ligada à TV Globo, com ampla produção de trilhas de novelas e capacidade de distribuição], os números confirmam a posição de liderança das transnacionais (Dias, 2008, p. 78).

A política de produção e gestão industrial não se resumia a preocupações com aspectos tecnológicos. Um de seus elementos importantes era a diferenciação de produtos, o estabelecimento de uma clara distinção entre "artistas de catálogo" e "artistas de marketing". Os primeiros começaram a ser uma preocupação das empresas no início da década de 1970, momento de alterações na atuação da indústria, que passou a

> [...] investir em um cast estável, com artistas ligados à MPB, que produzem discos com venda garantida, por vários anos, mesmo que em pequenas quantidades. O artista de marketing é o que é concebido e produzido, ele, o seu produto, e todo o esquema promocional que os envolve, a um custo relativamente baixo, com o objetivo de fazer sucesso, vender milhares de cópias, mesmo que por um tempo reduzido (Dias, 2008, p. 82).

O que não significa que os "artistas de catálogo" estivessem completamente protegidos das intervenções das gravadoras e da sua política de faturamento, ou, ainda, que estivessem alheios às preocupações do mercado – como a necessidade de tocar no rádio e de ter *hits* nas paradas.

Nesse sentido, é esclarecedor um depoimento recente do cancionista Guilherme Arantes, em diálogo com Jô Soares. O artista contava que, em início dos anos 1980, suas canções não tocavam nas rádios FM. Então, uma demanda de Elis Regina, um dos principais nomes da MPB na década de 1970, mudou o rumo de sua carreira naquele momento:

> **Guilherme Arantes:** Em 1980, eu estava em casa e toca o telefone e Elis me pediu uma canção: "Você tem uma música? Eu gosto muito de você, do teu lado paulista". E eu corri para o Rio, dei logo uma música, que era "Só Deus é quem sabe", e ela gravou. E depois ela me pediu um *hit*. Ela falou: "Você tem que fazer um *hit* pra mim". Ela brincava muito com os trocadilhos, fazendo aqueles "trocadalhos do carilho", que a gente chamava, que era "água mole em pedra dura, mais vale que dois voando"... e ela ria! [...] "Em casa do ferreiro, quem com ferro se fere é bobo", essas coisas. E eu acabei fazendo "Aprendendo a jogar", que foi um grande sucesso na voz da Elis.
>
> **Jô Soares:** Agora, eu achei graça de ela falar: "faz um *hit* pra mim". É *hit* no sentido mesmo de sucesso de estourar?
>
> *Guilherme Arantes:* É. Uma encomenda.
>
> *Jô Soares:* Mas como é que... Pode-se fazer um *hit* de encomenda?
>
> **Guilherme Arantes:** Eu fui um dos primeiros *hit makers*, assim, profissionais... depois veio toda uma geração de Sullivan e Massadas, e os grande *hit makers* dos anos 80. Mas eu fui um dos pioneiros. A música, o *hit*, ele é uma espécie de um *jingle* radiofônico. [...] Ele tem que ter um refrão, tem que ter toda uma estrutura rápida. É, os Beatles eram os reis dos *hits*! Então, a introdução tem 15 segundos, aí você tem meio minuto para cair logo no refrão, aí é mortal o *hit*! [...] O "Aprendendo a jogar" foi um *hit* que eu levei lá para a Elis, ela gravou, estourou, e aí que eu me revelei para o grande público. Eu devo essa mãozinha... porque a Elis foi o grande diferencial para todos os compositores (Programa do Jô, 8 de julho de 2011).

APRENDENDO A JOGAR
Guilherme Arantes (1980)

Vivendo e aprendendo a jogar
Vivendo e aprendendo a jogar
Nem sempre ganhando, nem sempre perdendo
Mas aprendendo a jogar

Água mole em pedra dura
Mais vale que dois voando
Se eu nascesse assim pra lua
Não estaria trabalhando

Vivendo e aprendendo a jogar
Nem sempre ganhando, nem sempre perdendo
Mas aprendendo a jogar

Mas em casa de ferreiro
Quem com ferro se fere é bobo
Cria fama, deita na cama
Quero ver o berreiro na hora do lobo

Vivendo e aprendendo a jogar
Vivendo e aprendendo a jogar
Nem sempre ganhando, nem sempre perdendo
Mas aprendendo a jogar

Quem tem amigo cachorro
Quer sarna pra se coçar
Boca fechada não entra besouro
Macaco que muito pula, quer dançar

Vivendo e aprendendo a jogar
Vivendo e aprendendo a jogar
Nem sempre ganhando, nem sempre perdendo
Mas aprendendo a jogar

> Promova a audiência da gravação de "Aprendendo a jogar" com Elis Regina (*Elis*, EMI, 1980) com os seus alunos, livremente (sem letra). Depois, converse com eles sobre o tema e a estrutura. Apresente o trecho de entrevista de Guilherme Arantes e peça que eles identifiquem na canção os elementos de um *hit* descritos pelo cancionista. Discuta com eles: por que essa estrutura é uma chave de sucesso? Que outros elementos propícios para o sucesso a canção ouvida apresenta? Que *hits* contemporâneos têm elementos semelhantes? Esses são produções de "artistas de catálogo" ou de "artistas de marketing"?

Essa segmentação de mercado na década de 1970, além de estimular a diversificação no universo cancional, garantiu o recorde de vendas em 1979: "64.104 milhões de unidades vendidas, dos quais 23.480 milhões eram de música estrangeira e 40.624 milhões, nacional" (DIAS, 2008, p. 81). O crescimento do mercado de canções nacionais deveu-se, em parte, a medidas legais de regulação da produção fonográfica, como, por exemplo, a lei de incentivo fiscal, de 1967, "que permitia às gravadoras aplicarem o ICM devido pelos discos internacionais em gravações nacionais. A partir de então, os produtos deveriam conter o selo 'Disco é Cultura'" (SILVA, 2008, p. 6).

Os anos 1980 mantiveram um perfil de produção semelhante ao da década anterior. Mas, nesse momento, começou a crescer a ação das gravadoras independentes, as chamadas *indies*, e dos produtores musicais independentes. Em 1979, ocorreu o I Encontro de Independentes de Curitiba, onde, por um lado, constatou-se a restrição dessa atuação ao gênero sertanejo e a poucos produtores independentes ligados à MPB, e, por outro, ampliou-se a articulação do setor, que, efetivamente, cresceu nos anos seguintes.

Em termos de faturamento, apesar do êxito do final dos anos 1970, a década seguinte foi de flutuações no mercado fonográfico, derivada da instabilidade econômica provocada pela crise do "milagre econômico". Observem-se os dados apresentados por Marcia Tosta Dias.

Venda de produtos e faturamento da indústria fonográfica: Brasil – 1982-1990 (em milhões de unidades e dólares)

Ano	Unidades	Faturamento
1981	45.419	250
1982	60.000	365
1983	52.457	260
1984	43.994	210
1985	45.153	225
1986	74.366	239.1
1987	72.626	187
1988	56.013	232.8
1989	76.975	371.2
1990	45.225	237.6

Fonte: Dias, 2008, p. 82. (Fontes: ABPD, RJ: 03-95 e IFPI, Londres, 11-96)
Nota: CDs são computados a partir de 1988.

Em meados da década de 1990, a indústria fonográfica brasileira chegou à sexta posição mundial no setor. "Em 1996, o nosso mercado fonográfico cresceu 32% em relação ao ano anterior: 94 milhões de discos vendidos no país, com um faturamento de US$ 874,25 milhões." (SILVA, 2001, p. 7). Embora tenha mantido a posição no *ranking* industrial, nos dois anos finais da década observou-se uma queda de vendas e faturamento.

Desse período até os dias atuais, as transformações na indústria fonográfica mundial e brasileira foram de tal monta que surpreenderam as expectativas e os prognósticos de empresários e estudiosos. "A intensidade das mudanças ganhou tal proporção que nos deparamos frequentemente com a seguinte questão: será o fim da grande indústria fonográfica?" (DIAS, 2008, p. 15). Alguns dos fatores que devem ser destacados nessa dinâmica remontam, ainda, à dinâmica do período anterior, tais como a integração das tecnologias digitais ao processo (inicialmente à gravação, mais recentemente à distribuição), bem como a globalização da economia da qual o setor é parte importante.

A questão sobre a indústria fonográfica remete à discussão sobre os limites da produção da música popular como categoria ampla, como *business*. Em outras palavras, aos limites do processo industrial de produção, dominado por grandes empresas que detenham condições de gravação, processamento, prensagem, distribuição, comercialização e divulgação dos produtos.

Hoje em dia, a possibilidade de gravação de fonogramas de forma independente é muito maior, ampliada pelo formato MP3 de difusão de arquivos em áudio, bem como pelo acesso a muitos *softwares* de gravação e processamento técnico dos fonogramas. Digno de nota é, por exemplo, o desenvolvimento de *softwares* e *games* direcionados para o público não profissional, de base intuitiva, como o Garage Band e o Guitar Hero, entre outros, que vêm transformando a forma de aprender a tocar instrumentos, compor, gravar e distribuir a canção popular.

A contradição "produto artístico/produto comercial" que marca a canção popular brasileira concretiza-se nos fonogramas, que, durante a maior parte da história dessa indústria, reuniram-se no formato disco.

> **Disco – Toca-Discos**
>
> Originado no projeto do fonógrafo de Thomas Edison, o gramofone de Emile Berliner, foi o primeiro aparelho a reproduzir sons gravados, a partir de um disco giratório tocado por uma agulha. O projeto original foi sendo continuamente aprimorado, passando pela vitrola (gramofone acomodado em um gabinete de madeira para uso em residências), até tornar-se o toca-discos moderno, que foi o meio mais popular de reprodução de áudio até meados da década de 1980 – no Brasil, até meados da década seguinte.

> **Compact Disc**
>
> O Compact Disc (CD) foi o formato definido pela indústria como sucessor para o disco de vinil. Os primeiros aparelhos foram produzidos no início da década de 1980, pela Sony e pela Phillips, e permitiam a reprodução de até 74 minutos de áudio sem a necessidade de virar o disco, como acontecia com o vinil. Como é um formato de gravação e reprodução digital com leitura, utilizando feixe de *laser* sem contato direto, o CD permite uma reprodução de áudio de alta qualidade com baixo nível de interferência. Logo, a tecnologia do CD seria adaptada para outros usos e desdobrada em diversos formatos similares, sendo os pricipais o CD-ROM, o CD-R e o CD-RW, utilizados para gravação de dados, e, posteriormente, o DVD, que é basicamente um Compact Disc com uma maior densidade de trilhas para gravação.

Este, por sua vez, não desapareceu do mercado, mas vem perdendo espaço para a comercialização de fonogramas avulsos, via internet.

A história da indústria fonográfica é, portanto, também a história do desenvolvimento dos suportes tecnológicos dos fonogramas. Esses suportes foram se sucedendo uns aos outros, em termos de hegemonia de mercado, mas todos eles ainda existem no universo dos ouvintes. Com as inovações de suporte, foram se transformando as formas de divulgação, circulação e comercialização da canção popular brasileira, porque eles relacionam-se diretamente ao desenvolvimento das mídias de comunicação de massa (das quais a próxima seção tratará, brevemente).

Fita Magnética – Gravador/Reprodutor

As primeiras experiências envolvendo gravação magnética em suporte flexível foram feitas por Valdemar Poulsen, na Dinamarca, ainda no final da década de 1890. A partir desses primeiros experimentos, vários outros foram feitos, principalmente na Alemanha, nas décadas de 1920 e 1930. Mas os problemas com o elevado custo dos aparelhos de gravação/reprodução e a fragilidade do suporte só foram resolvidos de maneira prática após a Segunda Grande Guerra (1939-1945), com o lançamento, nos EUA, da primeira linha de produção em série de gravadores/reprodutores, pela AMPEX, em 1946. Desde a década de 1950 até meados da década de 1990, essa tecnologia foi constantemente aprimorada e popularizada, principalmente após a introdução da fita cassete (também conhecida como K7), que permitia fácil manuseio e múltiplas gravações com qualidade razoável.

MP3 Players

O MP3 é hoje, sem dúvida, o formato mais popular para difusão de arquivos de áudio no mundo. Surgiu em função da necessidade de veicular na internet arquivos com voz e música. É derivado da compactação de vídeo MPEG, que, por sua vez, tem sua origem na compactação de imagens estáticas JPEG. Após sua popularização, a partir de meados da década de 1990 (no Brasil, no início da década seguinte), várias foram as iniciativas no sentido de produzir um aparelho portátil que reproduzisse esse formato de áudio. O primeiro a ser lançado no mercado, no ano de 1998, foi o MPMAN, da empresa Sul Coreana Saehan. Já no ano seguinte, a Samsung foi a primeira a incorporar um leitor de MP3 a um telefone celular. Mas o leitor MP3 mais conhecido e cobiçado, ainda hoje, é o Ipod, da americana Apple, lançado em sua primeira versão no ano de 2001.

Sugira que seus alunos realizem uma pesquisa, junto aos seus grupos de convívio (colegas familiares, etc.) sobre as formas de audiência da canção popular brasileira nos dias atuais. Oriente-os na produção de um questionário com um módulo de questões fechadas, para traçar o perfil do entrevistado (classe, idade, preferência musical, etc.); e um módulo aberto, para identificar suas "práticas de audição" (em que lugares e circunstâncias escutam música, quais os suportes técnicos que utilizam, etc). Ao final, solicite que eles relacionem o perfil dos usuários e suas práticas de audiência, verificando se existem correspondências entre esses elementos.

Desde os anos 1970, a produção de discos estava organizada no país mobilizando uma gama de processos produtivos e atividades profissionais que podem ser dispostos em quatro áreas: artística, técnica, comercial e industrial.

> Reservada à transnacional ou às empresas nacionais de grande porte, essa linha de produção continha as seguintes etapas: concepção e planejamento do produto; preparação do artista, do repertório e da gravação; gravação em estúdio, mixagem, preparação da fita master; confecção da matriz, prensagem/fabricação; controle de qualidade; capa/embalagem; distribuição; marketing/divulgação e difusão. A consecução dessas etapas envolvia profissionais das mais variadas áreas: músicos, compositores, intérpretes, técnicos e engenheiros de som, artistas gráficos, advogados, publicitários, divulgadores, contabilistas, funcionários administrativos, diretores, gerentes, operários, vendedores (DIAS, 2008, p. 69).

Esse processo, embora ainda seja dominante, vem se modificando paulatinamente, em função do crescimento do mercado independente e da regulamentação da produção nacional – anteriormente discutidos. Ainda assim, é importante ressaltar a diversidade de profissionais que a indústria fonográfica mobiliza, bem como a diversidade de fontes que se pode utilizar para analisá-la como uma atividade a um só tempo cultural e econômica. Algumas delas, para estudos de caráter histórico, são ainda hoje de acesso mais complicado, como é o caso dos dados de venda dos álbuns de períodos anteriores ao século XXI (para esse período, já há dados disponíveis, por exemplo, no site da Associação Brasileira dos Produtores de Discos, <http://www.abpd.org.br/>). Outras, no entanto, são simples de encontrar, no dia a dia dos alunos, e podem ser de muita utilidade no trabalho pedagógico com a canção popular brasileira, possibilitando que ela seja compreendida a um só tempo como produto artístico e comercial.

Fontes acessíveis: as capas de álbuns

As capas dos álbuns, por exemplo, são fontes importantes para se pensar na canção popular a um só tempo como produção cultural e produto de mercado. Em geral, esses documentos traduzem o conceito musical e comercial do disco, permitindo identificar o público-alvo preferencial e as relações dos artistas no campo da canção popular. Além disso, são de muito fácil acesso, tanto por se encontrarem dispersas no cotidiano dos brasileiros, quanto, atualmente, por estarem disponíveis na internet.

Observem-se, comparativamente, as seguintes capas de discos:

Nara, Elenco, 1963.

Tropicália ou Panis et circensis, Phillips, 1968.

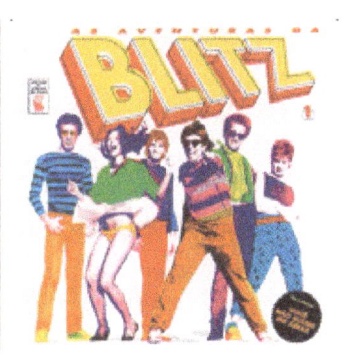

As aventuras da Blitz, EMI-Odeon, 1982.

A primeira delas é uma das capas da gravadora Elenco, produzidas pelo designer César Villela, que se tornaram referência para o público da bossa-nova e para os artistas que almejavam ingressar na música "moderna" em início dos anos 1960. Segundo Erick Vidal, "a nova linguagem visual resultou num design onde os adjetivos 'modernas, limpas, econômicas e objetivas' eram as palavras de ordem dentro dos inovadores conceitos de Artes Plásticas, e dialogava perfeitamente com a música, que seguia também esse padrão" (VIDAL, 2008, p. 110).

As referências de movimentos artísticos expressas nas capas de César Villela para a Elenco e, especialmente, nessa de Nara Leão, são claras. Remetem a propostas de vanguarda, que pretendiam acabar com a separação entre conteúdo e forma. Por um lado, a *pop art* de Andy Warhol, presente na fotografia em alto contraste, operando com massas, cheios e vazios – "como signo de uniformização mercantil do mundo, um fenômeno típico do século XX" (VIDAL, 2008, p. 109) – que deram destaque ao olhar da artista. Vidal destaca a utilização dessa referência à *pop art* em outras capas de discos daquele contexto, destacando a do álbum de Nina Simone, *Nina at the Village Gate* (1962).

Por outro, o concretismo e o Neoconcretismo, expressos sobretudo na disposição das bolinhas vermelhas (presença marcante nas capas da Elenco nesse momento) e na apresentação do nome do LP e da artista: a divisão silábica, as formas geométricas (o quadrado do nome e os triângulos das letras A) e as setas que apontam para diferentes direções. A identidade pessoal e profissional de Nara salta aos olhos na arte, de maneira discreta e elegante.

A segunda, *Tropicália ou Panis et circensis*, uma fotografia de Oliver Perroy, é de concepção de Rubens Gerchman, artista plástico de vanguarda que despontou em meados da década de 1960. O grupo tropicalista queria fazer uma paródia da capa do disco *Sgt. Pepper's Lonely Hearts Club Band*, dos Beatles (1967). De autoria de Peter Blake, a arte desta capa era de recorte e colagem, com base em fotografia, o que lhe rendeu tons de mistério e o Grammy de melhor capa de disco do ano.

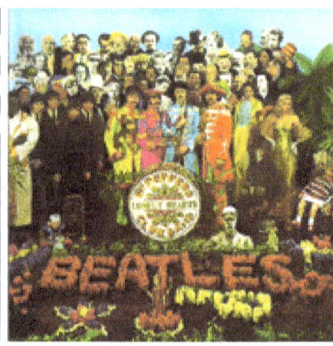

Nina at the Village Gate, 1962.

Sgt. Pepper's Lonely Hearts Club Band, 1967.

The B 52's, 1977.

No caso de *Tropicália*, o pastiche, o recortar e colar, foram apenas referências de produção da imagem fotográfica, não exatamente técnica de design. O resultado de uma construção coletiva, cheia de alegorias ao Brasil – tal como nas canções tropicalistas – foi uma fotografia que mistura a tradição e a modernidade, o *cult* e o *kitsch*, o humor e a seriedade.

A visão geral do conjunto remete às antigas fotos de família, com algumas pessoas sentadas e outras de pé, uma referência à tradição. Mas muitos elementos desmontam a (pseudo)seriedade: Duprat segura um penico, como se fosse uma xícara da qual estivesse prestes a beber; Caetano Veloso e Gilberto Gil seguram fotografias dos dois membros do grupo que não estavam presentes (Nara Leão e Capinam); o figurino é uma combinação de roupas sociais (como o terno antigo de Tom Zé) e batas *hippie*; sentado ao chão, um Gilberto Gil adulto faz as vezes das crianças nas fotos tradicionais; Tom Zé carrega uma valise, como se estivesse só de passagem; os fotografados não se comunicam entre si, alheios uns aos outros, uma espécie de menção às "pessoas na sala de jantar" de uma das faixas título do disco. A colagem não foi uma técnica na produção, mas foi a inspiração de concepção e montagem da cena – e do conceito cancional, que segue exatamente essa tendência.

E a terceira capa, embora remeta ainda às cores vivas da *pop art* de Andy Warhol, segue outra tendência, diferente das anteriores. Em vez do alto contraste, a arte explora as cores cítricas e acesas; o pastiche aparece na combinação inusitada das peças do vestuário. Esses elementos criavam um clima de alegria e vivacidade, a imagem de uma atitude festiva, jovial e divertida, que traduzia bem a proposta do rock *new wave* da banda Blitz (onda nova, literalmente) – que ia na direção do rock da banda estadunidense The B 52's, surgida em final dos anos 1970, com um som que cativava pela irreverência.

Nem a solidão do artista da bossa-nova, nem o conjunto de múltiplas referências da tropicália. Na capa da Blitz, as pessoas formam um grupo que toma a mesma direção, de atitude uníssona, embora resguardem suas identidades individuais. A vivência da liberdade com atitude fica expressa nas duas figuras que estão ligeiramente destacadas em primeiro plano: o movimento da saia feminina que gira e deixa o corpo à mostra, acompanhado da mão masculina que aponta para frente. O destaque para o título "aventuras" representa bem as canções da banda, que tratavam de experiências e valores cotidianos dos jovens de camadas médias a partir do humor e da ironia. Uma atitude muito própria dos jovens dos anos 1980, traduzida no rock nacional produzido naquele período.

> Visando a trabalhar com seus alunos a ideia de que a canção popular é, ao mesmo tempo, um produto artístico e comercial/industrial, leve as seis capas de discos analisadas nesta seção do texto para a sala de aula, solicitando que eles as comparem entre si, agrupando-as, por semelhança, em três pares. Peça que eles expliquem as razões do agrupamento a que chegaram, explicando quais são as semelhanças entre elas. Faça com eles alguns exercícios de inferência a partir das imagens: que tipo de música se esperaria ouvir em cada álbum de canção popular brasileira ali representado pela capa? Porque as capas dos álbuns brasileiros têm semelhanças com as de álbuns estrangeiros? Em que momento histórico cada par de capas teria sido produzido? Comparando os três pares de capas entre si, quais as semelhanças e diferenças se pode encontrar? Finalmente, leve para a sala de aula uma canção representativa de cada álbum, a fim de comparar a sonoridade, os temas, a interpretação e, sobretudo, as representações sociais que esse conjunto de elementos constrói em cada formato de canção.

Além das capas dos discos, as contracapas e os encartes dos produtos podem trazer informações importantes sobre o conceito do disco, as relações do artista com seus pares (não é raro constarem textos de recomendação do trabalho, à guisa de "prefácios"), os profissionais envolvidos no processo de produção, os timbres das gravações, os detalhes técnicos de produção, etc. São, portanto, fontes importantes para a análise da canção popular brasileira, a depender do tipo de abordagem que se pretende fazer desse objeto/fonte.

A forma de inserção da música popular na lógica industrial da cultura é muito importante para compreender as referências com as quais dialoga, bem como as representações que ela cria e veicula. E os sujeitos que intermedeiam as relações entre a produção industrial, os artistas e o público consumidor têm papel fundamental na construção e na circulação dessas representações.

Mediadores culturais: produtores musicais e jornalistas especializados

A produção da canção popular abarca uma série de processos, sujeitos e atividades profissionais – transita, portanto, entre vários segmentos socioculturais, por vezes considerados "mundos diferentes", em constante conflito. Daí a importância de se pensar no papel dos "mediadores culturais" nesse processo, os agentes sociais que transitam entre dois ou mais polos (nem sempre extremos), e fazem transitar, consigo, ideias, interesses, práticas sociais, etc. Eles são muitos, no caso da canção popular brasileira. Dois "tipos" de mediadores serão, aqui, destacados: os produtores musicais e os jornalistas especializados, em geral críticos musicais.

O sujeito que estabelece o elo entre a canção popular e a indústria fonográfica, em geral desconhecido pelo grande público, é o produtor musical. Sua atuação profissional, especializada, é a interseção mesma entre as dimensões artística e mercadológica da canção popular, porque ele deve planejar e executar um produto de qualidade musical e comercial.

> O trabalho do produtor musical tem dimensão dupla e se realiza em várias etapas do processo. Coordena todo o trabalho de gravação, escolhendo os músicos, arranjadores, estúdio e recursos técnicos. Pensa na montagem do disco, na sequência em que as músicas devem ser apresentadas e escolhe as faixas de trabalho (músicas que serão usadas para a divulgação nas rádios e na televisão). Cuida também para que seja cumprido o orçamento destinado ao projeto (DIAS, 2008, p. 95).

A fim de seguir tendências de mercado, manter padrões de formatos musicais com os quais o público esteja acostumado, visando a melhorar a qualidade artística ou alcançar maior sucesso de vendas, o trabalho do produtor musical, muitas vezes, chega a interferir no trabalho de composição, na criação dos cancionistas. Ou seja, o processo de produção também conforma o resultado final da canção e cria padrões de estética e de consumo, que passam a integrar o cotidiano da sociedade.

Um exemplo disso pode ser observado no relato de Herbert Vianna, Os Paralamas do Sucesso, sobre a gravação do primeiro compacto do grupo. Uma das canções não pôde ser gravada com o arranjo original, que já havia sido apresentado ao público com sucesso, porque o produtor, Miguel Plopschi, da EMI-Odeon, exigiu um refrão:

> Herbert: "A gente argumentou que a música já tinha dado certo na Fluminense e ele: 'Vai por mim que eu entendo desse negócio'. Aí veio aquela bosta de 'Vital passou a se sentir total/Com seu sonho de metal', foi a única coisa que ocorreu na cabeça da gente na hora de gravar. Daí ele disse que faltava um vocalzinho no final pra ficar repetindo e marcar o refrão. Quando a gente viu, estavam os Golden Boys dentro do estúdio, fazendo o vocal". Era "Os Paralamas do Sucesso vão tocar na capital/Vital e sua moto, mas que união feliz". [...] Herbert: "Queríamos falar sobre coisas que tinham valor pra gente – mas pra ele não tinham. Pra ele tinha que ser o rock clássico, com solo aqui, com som assim, com eco não sei o que lá, com teclado reforçando, ele tinha os conceitos dele de produção. Tecnicamente o trabalho do cara é absolutamente impecável, mas conceitualmente... aquele primeiro disco a gente não gosta de ouvir; por curiosidade, sim, mas musicalmente é uma bosta" (FRANÇA, 2003, p. 47-49).

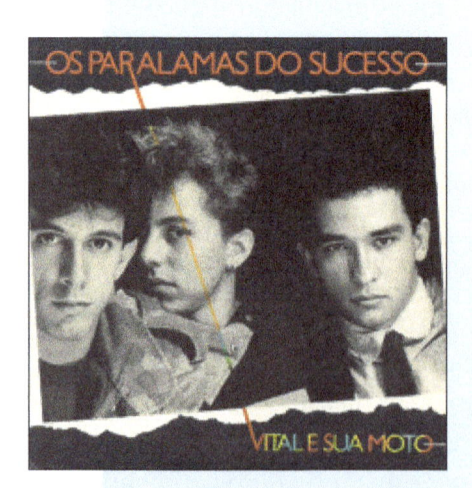

Capa do compacto de *Os Paralamas do Sucesso*. EMI-Odeon, 1983.

Discuta com seus alunos: por que um refrão é uma característica desejável em canções populares de caráter comercial? Por que a indústria cultural interfere no próprio processo de criação e na estrutura das canções? Por que os artistas aceitam a interferência, mesmo que ela se dê em direção diferente da que pretendem? Sugira que eles procurem identificar, no cenário atual, a relação entre um "formato comercial" da canção popular, o sucesso de artistas e a transformação de peças em *hits*.

Além de ter um formato padrão mais comercial – canção com refrão –, o rock ficou mais pop. O refrão caiu no gosto do público, a despeito do desagrado do grupo com a gravação, virou parte da identidade da canção e esteve presente nas gravações posteriores.

Mas o produtor tem várias outras funções. Por exemplo, faz as vezes de "caça-talentos" para as gravadoras, sejam elas comerciais ou independentes. Para tanto, precisa estar antenado com o movimento do meio musical, com tendências e artistas que ainda não tenham sido incorporados por outras gravadoras.

Um caso muito interessante desse tipo foi o ingresso de Cartola na indústria fonográfica. Esse, aliás, ilustra também a importância dos jornalistas e da imprensa especializada no processo de divulgação e circulação das obras.

Entre as décadas de 1920 e 1940, Cartola tinha tido um papel importante no processo de legitimação do samba, sendo considerado um dos mediadores que "desceu para o asfalto". Participou da formação do Bloco dos Arengueiros, embrião da Estação Primeira de Mangueira, e seus sambas foram gravados por artistas de sucesso, como Aracy de Almeida, Francisco Alves e Mário Reis. Após sumiço de alguns anos do cenário musical, período em que chegou a ser dado como morto, ele reapareceu, em 1956. Nessa ocasião, o jornalista Sérgio Porto (que usava o codinome Stanislaw Ponte Preta) o encontrou, depauperado e trabalhando como porteiro na zona sul, e divulgou na imprensa sua (re)descoberta, o que possibilitou sua reintegração no meio musical.

Cartola voltou a se apresentar na Rádio Mayrink Veiga e a ter sambas gravados. No início da década de 1960, abriu o bar Zicartola no centro da cidade, junto com a sua mulher, Dona Zica. Embora não tenha tido longevidade, o lugar tornou-se uma referência para o meio cultural do Rio e inventou um tipo de casas noturnas de samba. Ele fazia as vezes de mestre de cerimônias e foi uma espécie de animador cultural, inclusive incentivando novos cancionistas – como Paulinho da Viola, que ali começou a se apresentar em público.

Embora muitas de suas canções já fossem conhecidas e ele fosse uma referência importante do samba, nunca tinha gravado um disco. Isso só aconteceu em 1974, por iniciativa (e insistência) de João Carlos

Bozelli, o Pelão, um produtor cultural que na ocasião trabalhava para o selo Discos Marcus Pereira. Ele criou o projeto, convenceu o diretor artístico e ainda não havia convencido o dono da gravadora da importância do disco. Marcus Pereira considerou precárias as primeiras gravações realizadas nos estúdios da RCA Victor – Cartola não sabia cantar e a cuíca de Marçal parecia um "latido de cachorro". Nesse contexto, Pelão se encontrou com o jornalista Maurício Kubrusly:

> – O que é que você tem feito? – Maurício perguntou.
>
> Pelão contou sobre o disco de Cartola e acrescentou, desanimado:
>
> – Não faço ideia de quando ele vai sair... se sair.
>
> No dia seguinte, Maurício Kubrusly publicou uma matéria no *JT*, cujo título dizia, mais ou menos, o seguinte: "Vem aí o melhor disco do ano: o primeiro LP de Cartola". Ao ler o jornal, Marcus Pereira autorizou de imediato o lançamento. O disco foi eleito pela crítica como o melhor de 1974 e recebeu um monte de prêmios (FERREIRA, 2009)[3].

Capa do LP *Mallu Magalhães*, Agência de Música, 2008.

Oriente os alunos a realizarem uma pesquisa sobre o processo de gravação e divulgação dos primeiros discos de Cartola (1974) e de Mallu Magalhães (2008), apresentando os dois álbuns a partir de suas capas. Sugira que eles tomem como referência aspectos biográficos e a trajetória profissional de cada um dos cancionistas nesse contexto, bem como o tipo de repertório que compôs cada disco. A partir dos resultados da pesquisa, realize um debate, em sala, sobre as mudanças nos processos de produção da canção popular brasileira, bem como no papel dos mediadores culturais do circuito de comunicações.

---

[3] <http://www.revistabrasileiros.com.br/2009/05/21/por-tras-das-obras-primas/>.

Só aos 65 anos, já com longeva legitimidade no campo da canção popular, Cartola gravou seu primeiro LP de sambas. Isso, depois de ter sido reintegrado ao meio musical por um jornalista, "descoberto" como intérprete por um produtor musical e ter o disco lançado por outro jornalista, antes mesmo de ser gravado. Não fosse a ação desses agentes do circuito de comunicações, nenhum deles cancionista ou musicista, a história de Cartola – e a da canção popular brasileira – teria sido diferente. Depois desse primeiro, o sambista gravou mais quatro discos, até 1980, quando morreu. O segundo deles, *Cartola II* (Marcus Pereira, 1976), foi apontado, em um *ranking* apresentado pela versão brasileira da revista *Rolling Stone* como o oitavo melhor disco da história da música nacional.

Capa do LP *Cartola*, Discos Marcus Pereira, 1974.

Os jornalistas especializados também têm um papel fundamental como mediadores culturais. Não apenas porque atuam nos meios de comunicação e participam do processo de divulgação das canções, mas ainda pelo fato de que, além de informar e divulgar, realizam apreciações dos trabalhos sobre os quais escrevem. Os especializados em cultura e, mais especificamente, os críticos musicais, realizam análises do trabalho dos artistas e cumprem o papel de formadores de opinião. Seu texto não é isento, meramente informativo ou técnico. Traz concepções políticas e estéticas, muitas vezes relacionadas às orientações do veículo de comunicação ao qual ele está vinculado, além das suas próprias.

Exemplificando: em 1975, a jornalista Dulce Tupy Caldas realizou, na coluna de divulgação crítica do jornal *Movimento*, uma avaliação do segundo LP de Luiz Melodia, *Maravilhas contemporâneas* (Som Livre, 1975). Considerou a obra um fruto do "hibridismo natural" do artista, de alguém que ouve e assimila diversas tradições – de Roberto Carlos a

Beatles – refazendo sua própria linguagem. E citou longos trechos de entrevistas nos quais o artista afirma ter feito um trabalho mais ligado ao povo, por exemplo, com "Juventude transviada" – "Lavar roupa todo dia, que agonia" – do que no álbum anterior, *Pérola negra* (Phillips, 1973) – "Baby, te amo, nem sei se te amo". Mas fez uma ressalva: "este posicionamento aberto de Luiz Melodia nem sempre tem sido bem interpretado pelos adeptos mais radicais da linha folclórica / saudosista que o incluem entre os hereges da música autenticamente brasileira" (CALDAS, 1976, p. 18).

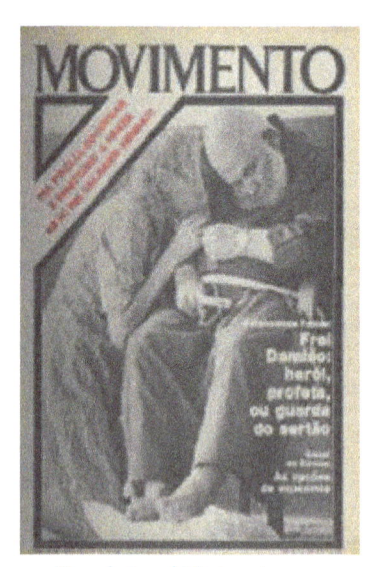

Capa do jornal *Movimento*, n. 44, 1976, onde foi publicado o texto de Dulce Tupy Caldas.

O jornal *Movimento*, veículo no qual foi divulgado o texto, era um veículo da imprensa alternativa da década de 1970. O jornalismo alternativo, cabe esclarecer, é uma prática de veículos e instituições realizada fora do escopo da chamada grande mídia, e que a ela se contrapõe. Ocupa-se, em geral, de pautas ignoradas ou silenciadas pela mídia tradicional e é, muitas vezes, associado a tendências e agrupamentos políticos de esquerda. Durante a Ditadura Militar, os veículos da imprensa alternativa multiplicaram-se, cumprindo um papel de resistência política e cultural importante com relação ao arbítrio do Estado.

Quando surgiu na cena musical nos anos 1970, Luiz Melodia era um artista considerado em grande medida "maldito", pelas experiências sonoras e pela perfomance arrojada. Uma avaliação positiva de seu trabalho, agregada à crítica da tradição nacional-popular da MPB, era consoante aos propósitos de um jornal alternativo, bem como às leituras habituais de seu público. O papel de mediadora exercido pela jornalista é inegável, visto que sua apreciação tende a criar, no público leitor do jornal – em geral oponente da cultura tradicionalista e consumidor potencial do trabalho analisado –, uma predisposição positiva com relação ao álbum e ao trabalho do artista.

> Sugira a seus alunos que procurem dois textos de crítica musical contemporâneos: um de gênero (ou artista) que eles gostem e escutem no seu dia a dia, outro relativo a um gênero (ou artista) que eles não apreciem e cuja escuta não seja habitual em seu cotidiano. Recomende que eles sintetizem a avaliação dos jornalistas sobre cada artista ou gênero, identificando os argumentos centrais construídos por cada um em sua crítica. Estimule-os a relacionar o conteúdo das críticas com o seu público-alvo e a tendência do veículo de comunicação em que os textos foram veiculados. Finalmente, estimule-os a escrever uma crítica musical, eles próprios, para ser publicado em um dos dois veículos de comunicação analisados.

O contrário também ocorre com frequência. O jornalista especializado e/ou crítico musical pode criar uma predisposição negativa de determinado público com um tipo de canção popular ou um artista, partindo de seus parâmetros sobre o "bom gosto". Paulo César Araújo (2003a) denuncia, por exemplo, o caso do crítico e historiador José Ramos Tinhorão, autor de diversos livros sobre história da música popular brasileira. Em suas obras, ele não incluiu a chamada "música brega", em função de considerá-la de má qualidade. A partir de critérios estéticos (em grande medida subjetivos), silenciou a existência desse gênero como "fato histórico".

Atualmente, há um debate em curso que analisa o processo de perda de legitimidade do jornalismo especializado em tempos de ampliação do acesso à internet. As especificidades das interações nesse meio de comunicação legitimam outras vozes sociais a avaliar os produtos culturais, criando redes múltiplas de discussões, que atingem e tangenciam determinados nichos do mercado.

O fenômeno social da "blogosfera" é um exemplo interessante desse tipo de interação. O termo é utilizado para referir-se ao conjunto dos blogs (ou *weblogs*) como uma comunidade social, uma rede específica dentro da macrorrede. A interconexão entre blogs afins é um elemento fundamental da "cultura blogueira" e contempla uma série de práticas: os mantenedores desses espaços não apenas leem as publicações alheias frequentemente, como criam *links* diretos entre os blogs, referem-se uns aos outros em suas próprias publicações e, usualmente, comentam as publicações dos parceiros. Os blogs interconectados acabam criando códigos próprios, partilhando e veiculando valores comuns, chancelando as opiniões uns dos outros e constituindo uma microrrede.

Nesse meio, portanto, a opinião dos jornalistas especializados tem, via de regra, menos importância que a dos próprios pares. As práticas culturais engendradas na internet têm propiciado a coexistência das diferenças, mesmo que encerradas em redes específicas. Assim, se até o fim do XX era possível pensar o jornalismo cultural como um lugar de autorização de uma obra, vem ocorrendo a diminuição do poder desses profissionais para enquadrar gostos e criar hierarquias estéticas.

Além disso, o papel dos jornalistas como mediadores culturais não é o único elemento a se analisar no que se refere à divulgação da canção popular nos meios de comunicação. Outros aspectos há a se considerar.

Meios de comunicação de massa e público: circulação e apropriações da canção

A canção popular brasileira tem nos meios de comunicação de massa seu principal meio de circulação, os veículos de promoção do encontro entre o produto e o público. Em grande medida, é na relação meios de comunicação de massa/público que tem início o processo de apropriação da canção popular, que multiplica os seus sentidos sociais e cria para ela novas representações, para além das desejadas pelos seus autores primeiros. Pois, como são múltiplas as representações do mundo, são múltiplas as formas como os sujeitos as percebem e delas se utilizam. A isso relaciona-se o que Chartier (2002) chama de "apropriação" e que tem a ver com "usos e interpretações, relacionados às suas determinações fundamentais e inscritos nas práticas específicas que os produzem" (CHARTIER, 2002, p. 68). Apresentadas, as representações são apropriadas pelos sujeitos, a partir de práticas específicas que implicam diferentes usos e interpretações.

No que tange à canção popular, produto voltado para o consumo – cabe novamente ressaltar, consumo cultural e comercial –, é fundamental não se perder de vista a importância das apropriações do público. E como "a significação de uma mensagem só se efetiva a partir de trocas entre quem a emite e quem a recebe, que envolve conjunto de fatores e circunstâncias fundamentais para (res)semantização da obra" (LIMA, 2008, p. 80), a análise das práticas de audiência e dos tipos de apropriações da canção popular que elas podem favorecer tem relação direta com os meios de veiculação e circulação do produto canção popular.

Sendo assim, um elemento importante a se analisar no circuito de comunicações da canção popular na sociedade é o desenvolvimento tecnológico das chamadas "mídias de massa" e como ele interfere na criação de formas de interação entre o público e a canção, recriando as apropriações e a memória social sobre ela.

O rádio foi o primeiro veículo de comunicação de massa responsável pela divulgação e pela circulação da canção popular brasileira. A tecnologia para a transmissão e recepção de ondas de rádio começou ser desenvolvida no final do século XIX. Por volta da década de 1920, o rádio já era um meio de comunicação de ampla cobertura em diversas partes do mundo. No Brasil, sua difusão ampliou-se nos anos 1930, e, na década de 1950, boa parte dos lares já dispunham do aparelho de transmissão radiofônica.

O trecho do historiador Marcos Napolitano sobre uma eleição realizada em 1949 dá uma ideia da popularidade, nesse período, dos artistas do rádio e das canções que eles entoavam:

> Um ano antes da eleição de Getúlio Vargas (PTB), na qual ele derrotou seus adversários do PSD e da UDN, houve uma outra eleição bastante disputada: a de "Rainha do Rádio". Se o cargo não era tão fundamental para os destinos da nação, como o de presidente da República, a eleição movimentou as paixões populares tanto quanto a eleição presidencial. O concurso de "Rainha do Rádio" havia sido reorganizado em 1948 pela Associação Brasileira do Rádio, e, naquele ano, a cantora Dircinha Batista havia sido eleita. Mas foi em 1949 que a coisa pegou fogo. A favorita da Marinha, Emilinha Borba (Emília Savana da Silva Borba), cantora de origem pobre do subúrbio do Rio

de Janeiro, perdeu a eleição para a paulista Marlene (Vitória Bonaiutti de Marino). Na verdade, a eleição era feita a partir da compra de cupons, parte integrante das populares revistas de rádio da época, e a Antarctica, empresa de refrigerantes, comprara os cupons para a eleição da cantora Marlene. Os fãs das duas cantoras, ambas contratadas da Rádio Nacional, a maior emissora da época, iniciaram uma rivalidade histórica, amplamente estimulada pelos meios de comunicação e que até hoje é lembrada pelos mais velhos. Emilinha Borba só viria a ser eleita em 1953, depois de uma ampla mobilização de seu fã-clube, que conseguiu reunir um milhão de votos. Mas, como e por que uma simples eleição simbólica, embora comercialmente importante para a carreira das cantoras, conseguia movimentar tantas paixões? A resposta pode estar na importância que o rádio tinha na vida das massas urbanas (NAPOLITANO, 2004, p. 12).

No trecho, destaca-se também a importância da imprensa escrita, nesse caso, as revistas especializadas, e das empresas patrocinadoras no que se refere à projeção das carreiras e à mobilização do público. A eleição Marlene x Emilinha marcou época, e seus ecos podem ser sentidos ainda hoje, na memória viva dos fãs. É o que se pode observar no relato do jornalista de cultura Artur Xexéo sobre as reações do público em um espetáculo musical contemporâneo, que trata da rivalidade entre as cantoras:

> Convidei uma amiga para assistir ao musical "Emilinha e Marlene – As rainhas do rádio", em cartaz no Teatro Maison de France. Ela me respondeu com um e-mail: "Vamos ver a Emilinha. A outra, não faço questão. Mas já que estaremos lá..."
> Na bilheteria do teatro, um outro espectador me alerta:
> – Não vai falar mal da Marlene, hein!
> Ao entrar na sala de espetáculos, percebi que o teatro estava dividido. Do lado direito, poltronas reservadas para os emilinistas. Do lado esquerdo, para os marlenistas. Sentamo-nos no lado direito. Minha amiga vibrou. Mas eram os lugares errados. Logo, chegaram os donos das cadeiras. Fomos transferidos para o lado esquerdo. Minha amiga não se conformou. Uma fã de Emilinha na arquibancada dos fãs de Marlene?

[...] "Emilinha e Marlene – As rainhas do rádio" recupera a mais famosa rivalidade da música brasileira, a que pôs em lados opostos os dois maiores ídolos do rádio no país. [...]

A história é contada através de duas irmãs (Bia e Gegê, interpretadas com segurança por Angela Rebello e Rosa Douat), já maduras, que, após a morte da mãe, desfazem a casa onde passaram a juventude para botá-la à venda. Nesta operação, elas desmontam o quarto que dividiam e recolhem as lembranças que juntaram de seus dois maiores ídolos. Bia – recatada, submissa, introvertida – era fã de Emilinha. Gegê – liberada, moderna, afirmativa – era fã de Marlene. Cada uma repete em sua vida a imagem da cantora predileta, e o conflito entre as duas reproduz a batalha que travavam no auditório da Rádio Nacional. Cada lembrança guardada em baú é motivo para Emilinha ou Marlene reaparecer no palco da Maison.

Tudo começa com a eleição da Rainha do Rádio de 1949, justamente o episódio que deu partida à rivalidade. Emilinha, cantora mais popular do Brasil na ocasião, era a favorita absoluta. Marlene, uma desconhecida vinda do ambiente intimista das boates cariocas, estava na disputa só para fazer número. Pois deu zebra. Marlene ganhou, com a ajuda de um patrocinador. Emilinha, que só tinha o fã-clube para se eleger, nunca perdoou (XEXÉO, 2011).[4]

No texto de Artur Xexéo, destacam-se alguns elementos para se pensar na força do circuito de comunicações da canção popular brasileira na formação da memória nacional e das emoções do público.

Em primeiro lugar, o mote para a construção do roteiro do musical contemporâneo: as lembranças pessoais e familiares de duas irmãs, a partir da disputa da eleição de "Rainha do Rádio" em 1949.

Segundo, a narrativa sobre as emoções à flor da pele do público do musical nos dias atuais, composto por antigos fãs-torcedores das cantoras do rádio. Mais de 60 anos depois da tal eleição, os afetos ainda mobilizam os fãs, as torcidas se dividem, há preocupações sobre como o seu ídolo será representado na imprensa – o que se expressa na ad-

---

[4] <oglobo.globo.com/cultura/xexeo/posts/2011/08/17/duas-cantoras-entre-tapas-e-beijos-399025.asp>.

vertência do espectador ao reconhecer o jornalista: "Não vá falar mal de Marlene, hein?". É uma memória viva, que não apenas se atualiza, mas reinventa a forma de representar o Brasil dos anos 1950.

Essa reinvenção da memória nacional por meio da canção popular se expressa no terceiro elemento, um traço do roteiro destacado na crônica de Xexéo: o quanto a aproximação de cada uma das irmãs com seu ídolo relacionava-se com suas próprias características, valores e expectativas de vida. A irmã recatada era fã de Emilinha; a atirada, de Marlene. Uma aproximação que deve-se ao perfil das *performers*, mas também ao repertório que elas veiculavam e às imagens que dela se construíam nos meios de comunicação de época. Apropriações que se tornam possíveis, enfim, na dinâmica do circuito de comunicações da canção popular brasileira.

Capa da *Revista da Rádio Nacional* com fotografia de Marlene e Emilinha Borba.

Estimule seus alunos a entrevistarem pessoas que tenham mais de 70 anos de idade, a fim de mapearem suas memórias sobre o papel do rádio nas décadas de 1930 a 1950. Oriente-os na produção de questões que permitam identificar as diferentes "práticas de audiência" existentes naquele momento (audiência coletiva, reuniões de vizinhos, em local de trabalho, etc.), bem como as memórias sobre as canções populares veiculadas por esse meio de comunicação. Solicite que eles façam, também, questões específicas sobre a rivalidade entre as cantoras Emilinha e Marlene, e sobre eleições de outras "rainhas do rádio". Após uma aula de socialização dos resultados, apresente outras fontes sobre o tema e discuta com eles sobre o papel do rádio e da canção popular na formação do imaginário nacional.

O rádio permanece ainda hoje um veículo fundamental na divulgação da canção popular no Brasil, mas perdeu força com a popularização de outros meios de comunicação de massa ao longo dos anos. O primeiro deles foi a TV aberta, que começou a ser projetada ainda nos anos de 1920 e cujas primeiras transmissões em larga escala ocorreram na Alemanha, em 1936, por ocasião dos Jogos Olímpicos. Entretanto, esse meio de comunicação só começou a tornar-se popular após a Segunda Guerra Mundial. Até a década de 1950, as transmissões eram realizadas em preto e branco, até que, em 1954, a americana NBC iniciou o primeiro serviço de transmissão em cores.

As primeiras transmissões televisivas brasileiras foram realizadas em setembro de 1948, por Olavo Bastos Freire, na cidade mineira de Juiz de Fora, por ocasião de um jogo de futebol. Em 1950, Assis Chateaubriand inauguraria a primeira emissora de TV do país, a TV Tupi. Esse meio de comunicação de massa se popularizou bastante durante as décadas de 1960 e, especialmente, 1970, favorecido pelo milagre econômico e pelo processo de modernização promovido durante a Ditadura Militar. Aliás, nesse período houve uma ampliação de acesso aos meios de comunicação, de maneira geral. "A década de 70 começa com 60% das famílias brasileiras fazendo parte do mercado de bens de consumo 'modernos', ou seja, possuindo pelo menos um eletrodoméstico como rádio, vitrola e TV" (SILVA, 2008, p. 6).

No que se refere à canção popular, a TV aberta cumpre, desde a década de 1960, um papel essencial de divulgação. Com a televisão, à relação melodia/texto agregou-se a imagem, a possibilidade de fruição da performance corporal dos artistas. Em meados dessa década, os programas de auditório cumpriram a função de formação de um amplo público, de diferentes tendências musicais, não apenas divulgando as canções, como também criando aproximação e identificação entre artistas e público. Tomem-se como exemplos três programas musicais, todos surgidos nesse momento e produzidos na TV Record, que já anunciavam o hibridismo que se formava na canção popular brasileira.

O Fino da Bossa, com Elis Regina e Jair Rodrigues, acompanhados pelo Zimbo Trio, mesclava a tradição do samba, as inovações bossa--novistas e o engajamento cultural e político; articulava em torno

Elis Regina e Jair Rodrigues. O Fino da Bossa, TV Record, 1966.

Roberto Carlos, Wanderléa e Erasmo Carlos no Jovem Guarda, TV Record, 1966.

de si o público estudantil, mas também os outrora ouvintes do rádio que passavam a "frequentar" a televisão.

Jovem Guarda, com Roberto Carlos, Erasmo Carlos, Wanderléa e companhia, trazia para dentro das casas o rock iê-iê-iê produzido no Brasil, com temas cotidianos da juventude das camadas médias e timbres instrumentais (especialmente a guitarra) considerados alienantes pela ala militante; conquistava um amplo público juvenil, não ligado à cultura engajada.

E Bossaudade, apresentado por Eliseth Cardoso e Cyro Monteiro, que visava a atingir o público dos artistas do rádio e abrigar os veteranos da TV. O programa tornou-se sucesso, e, além de participações dos novos artistas, a presença da "velha guarda", que ainda estava ativa, era uma constante: Vicente Celestino, Orlando Silva, Dalva de Oliveira, Aracy de Almeida, Jacob do Bandolim e tantos outros (MELLO, 2003, p. 113).

Nesse mesmo contexto, no âmbito dos festivais da canção, que se consagraram como uma fórmula de produção da canção entre 1966 e 1968, a MPB beneficiou-se do salto de popularização promovido pela TV e transformou-se em um produto cultural mais eficiente do que pop rock da Jovem Guarda.

> [...] por três motivos: foi reconhecida pela crítica, ganhou o público consumidor de alto poder aquisitivo e instituiu um

estilo musical que reorganizou o mercado, estabelecendo uma medida de apreciação e um padrão de gosto. Em outras palavras, tornou-se uma nova tradição musical e cultural, tão forte que obrigou a releitura das tradições culturais anteriores (NAPOLITANO, 2007, p. 97).

A possibilidade de visualizar as performances e os ídolos alimentou ainda mais as paixões. As transmissões dos festivais pela TV não apenas divulgaram a produção da MPB nascente, como alimentaram o clima de competição entre as diferentes tendências políticas e segmentos de mercado. Dois embates entre canções de Chico Buarque e Geraldo Vandré em festivais podem ajudar a pensar nos matizes da canção nacional-popular naquele momento, no acirramento das posições políticas, bem como na relação entre a TV e a construção de ídolos. As disputas festivalescas, acirradas pela divisão do público em torcidas, eram vivenciadas por meio da transmissão das performances pela televisão.

Eliseth Cardoso e Cyro Monteiro no *Bossaudade*, 1966, TV Record.

Jair Rodrigues, Nara Leão e Chico Buarque na final do II Festival da Música Popular Brasileira, 1966.

Em 1966, a TV Record realizou o II Festival da Música Popular Brasileira, que teve como principais finalistas "A banda", de Chico Buarque, e "Disparada", de Geraldo Vandré e Theo de Barros. A primeira, uma marchinha interpretada por Nara Leão e pelo próprio compositor, acompanhados de uma banda clássica. A segunda, uma moda de viola interpretada por Jair Rodrigues, numa performance típica dos festivais, forte e vigorosa, acompanhada de um arranjo regional. A crítica e a imprensa, de maneira geral, as aprovaram; o público se dividiu em torcidas que, embora apaixonadas, reconheciam a qualidade da concorrência. Ao final, o empate entre elas – um acordo entre produção, jurados e artistas – consagrou a "fórmula dos festivais".

Dois anos depois, no III Festival Internacional da Canção (FIC), Vandré e Chico, já ídolos nacionais, voltaram a protagonizar as finais. O primeiro, cantando sozinho a sua composição que se transformou em marco da canção de protesto, "Caminhando" ou "Pra não dizer que não falei das flores", e que era a preferida de uma plateia majoritariamente de esquerda. O segundo, chamado às pressas por seu parceiro, Tom Jobim, para acompanhá-lo no palco, enquanto a dupla Cynara e Cybele defendia a canção "Sabiá" sob uma vaia crepitosa. Essa última era "uma canção melancólica num momento em que a plateia queria hinos de luta" (NAPOLITANO, 2007, p. 93), mas venceu o festival.

De um lado, os estudantes fizeram pressão para que "Caminhando" vencesse, no intuito de enfrentar o estado autoritário e institucionalizar o festival como um palco de disputa política. De outro, houve uma grande pressão sobre o júri "para não premiar a canção de Vandré com o 1º lugar, devido à 'propaganda da guerrilha' nela contida" (NAPOLITANO, 2010, p. 240). A canção transformou-se num grande hino de luta contra a Ditadura Militar – "uma verdadeira Marselhesa" (NAPOLITANO, 2010, p. 231) – e ficou proibida no país durante a década seguinte, após a edição do Ato Institucional nº 5, em dezembro do mesmo ano.

Antes de apresentar "Caminhando" na final, Geraldo Vandré fez um pronunciamento, entrecortado pela participação da plateia, que informa sobre o clima no qual a final ocorreu, especialmente sobre a mobilização de paixões do público:

> Olha, sabe o que eu acho? Eu acho uma coisa só, mais: Antônio Carlos Jobim e Chico Buarque de Hollanda merecem o nosso respeito [*aplausos*]. A nossa função é fazer canções. A função de julgar, nesse instante, é do júri que ali está [*vaia crepitosa*]. Tem mais uma coisa só: pra vocês que continuam pensando que me apóiam vaiando... [*coro: "é marmelada!"*]. Gente, por favor... Olha, tem uma coisa só: a vida não se resume em festivais. [*começa a canção*].

SABIÁ
Tom Jobim e Chico Buarque (1968)

Vou voltar
Sei que ainda vou voltar
Para o meu lugar
Foi lá e é ainda lá
Que eu hei de ouvir
Cantar uma sabiá...

Vou voltar
Sei que ainda vou voltar
Vou deitar à sombra
De uma palmeira que já não há
Colher a flor que já não dá
E algum amor
Talvez possa espantar
As noites que eu não queria
E anunciar o dia...

Vou voltar
Sei que ainda vou voltar
Não vai ser em vão
Que fiz tantos planos
De me enganar
Como fiz enganos
De me encontrar
Como fiz estradas
De me perder
Fiz de tudo e nada
De te esquecer...

Copyright © by MAROLA EDIÇÕES MUSICAIS LTDA.
50% Referente à parte de Chico Buarque
Todos os direitos reservados

CAMINHANDO ou PRA NÃO DIZER QUE NÃO FALEI DE FLORES
Geraldo Vandré (1968)

Caminhando e cantando
E seguindo a canção
Somos todos iguais
Braços dados ou não
Nas escolas, nas ruas
Campos, construções
Caminhando e cantando
E seguindo a canção

Vem, vamos embora
Que esperar não é saber
Quem sabe faz a hora
Não espera acontecer

Pelos campos há fome
Em grandes plantações
Pelas ruas marchando
Indecisos cordões
Ainda fazem da flor
Seu mais forte refrão
E acreditam nas flores
Vencendo o canhão

(Refrão)

Há soldados armados
Amados ou não
Quase todos perdidos
De armas na mão
Nos quartéis lhes ensinam
Uma antiga lição:
De morrer pela pátria
E viver sem razão

(Refrão)

Nas escolas, nas ruas
Campos, construções
Somos todos soldados
Armados ou não
Caminhando e cantando
E seguindo a canção
Somos todos iguais
Braços dados ou não
Os amores na mente
As flores no chão
A certeza na frente
A história na mão
Caminhando e cantando
E seguindo a canção
Aprendendo e ensinando
Uma nova lição

(Refrão)

Peça que seus alunos procurem o vídeo (ou, ao menos, o áudio) das apresentações finais de "Sabiá" e "Caminhando" no III FIC (1968). Analise, com eles, a relação dos compositores das duas canções com o público, no momento da apresentação, tomando como referência o contexto do pré-AI-5 e o papel da canção nacional-popular nesse momento de radicalização política. Depois, apresente a eles o contexto de produção e a trama da minissérie *Anos rebeldes* (Rede Globo, 1992). Promova, em sala, a assistência das cenas finais, discutindo a mudança de sentidos que as canções sofreram no enredo, entre as representações da dinâmica política brasileira entre 1968 e 1979. Finalmente, discuta o processo de construção de uma memória social sobre as canções engajadas produzidas na Ditadura Militar no momento de exibição da minissérie (1992), no processo de redemocratização e da mobilização pelo *impeachment* do Presidente Fernando Collor de Mello.

Essas canções – como tantas outras – foram ganhando novos significados a partir de diferentes apropriações do público, em contextos históricos diferentes daquele em que foram lançadas. "Caminhando", por exemplo, tornou-se uma espécie de bandeira de resistência, durante os anos da Ditadura Militar. Depois, ainda, foi utilizada sobretudo por grupos de esquerda, mas também por políticos da direita que queriam manifestar suas intenções de ação e engajamento em determinadas causas.

> Ambigüidades da história: a canção de Vandré, *Caminhando*, símbolo das lutas de 1968, o chamado à guerrilha, foi regravada numa versão intimista de Simone, que mais parece um réquiem, e até políticos conservadores chegaram a cantá-la em programas televisivos de propaganda eleitoral na década de 80. Não obstante, há quem tenha entoado a canção de Vandré nas passeatas estudantis de 1977, nos enterros de vítimas da ditadura, como no do jornalista Herzog em 1975 e no do operário Santo Dias em 1979, e até mesmo nas campanhas das – *Diretas já!* em 1984 e pelo *impeachment* de Collor em 1992. A força das diversas manifestações dos anos 60, simbolizadas pela canção, reapareceu em outras conjunturas e de outras formas, diferentes daquelas dos anos 60, mas que de algum modo buscavam reatar

o elo perdido. O uso tão díspar da mesma canção-símbolo para diferentes fins políticos e culturais, quase um hino nacional, por um lado sugere que aquilo que todos representa, ao mesmo tempo, não representa especificamente ninguém. Mas, por outro lado, tal uso revela a legitimidade das lutas libertárias dos anos 60, encarnadas naquela canção, legitimidade reconhecida até em meios políticos conservadores que fazem uso dela para seus próprios fins. Portanto, o espírito das lutas sociais da década de 60 incorporou-se em formas múltiplas à consciência coletiva nacional (RIDENTI apud ABDALA, 2009, p. 257).

As formas de apropriação dessa canção permitem identificar as diferentes concepções de engajamento, ação política e resistência – conceitos reiterados na letra da canção, mas também na sua melodia original. Além disso, o exame do conjunto dos usos políticos de um produto cultural como "Caminhando" permite observar, como bem destacou Marcelo Ridenti, "as ambiguidades da história".

Além das canções divulgadas pela televisão, nos festivais, também as disputas festivalescas permanecem vivas na memória dos telespectadores. Foram ganhando novos contornos e novas representações ao longo dos anos, rememoradas e divulgadas em outros formatos na mídia televisiva.

A competição entre "Sabiá" e "Caminhando", por exemplo, foi relembrada, e ressignificada, na minissérie *Anos rebeldes*, uma representação da Ditadura Militar, com um enredo que se passa entre o imediato pré-golpe militar (1964) e o pós-anistia (1979). Esse é um caso interessante para se pensar em como a TV é uma mídia de massa em que a articulação da imagem e o som, com divulgação de grande alcance, permite diferentes apropriações da canção popular.

Ali, especialmente, o uso de imagens de época, misturadas à produção de cenas em estúdio, deram o efeito de documentário à produção e causaram grande impacto sobre o público. Um impacto que ficou ampliado pelo contexto que o país vivia quando da primeira exibição da minissérie: em pleno processo de redemocratização, denúncias de corrupção contra o primeiro presidente eleito democraticamente após duas décadas de ditadura militar, Fernando Collor de Mello, geraram crescente mobilização social em favor do *impeachment*.

Como toda produção artística, a minissérie representou não apenas o passado de que tratava, mas o momento presente em que foi produzida. O historiador Roberto Abdala (2009), em análise desse produto cultural, considera que ela é fruto da cultura histórica brasileira de seu tempo, especialmente a construída durante os anos 1980, na redemocratização. Naquele contexto, reflexões históricas e historiográficas de mais vulto sobre o período da Ditadura Militar, muito recente, ainda não haviam sido realizadas de forma adensada, fosse na historiografia, fosse no saber histórico escolar, nos livros didáticos e nas práticas pedagógicas.

O enredo, como é regra nos folhetins, é o amor de um casal. Maria Lúcia e João Alfredo, ambos cariocas, começam a história como estudantes secundaristas. Ela, filha de um militante de esquerda, vive em conflito com as opções políticas do pai e seus próprios desejos. Ele, aspirante a militante de esquerda, dela se aproxima por causa da admiração que nutria por seu pai. Os jovens apaixonam-se e vivem um relacionamento conturbado, em função de suas divergências de valores e de opções de vida. Ele assume a militância durante os primeiros anos da Ditadura Militar, ela não aceita o caminho. Após participar do sequestro de um embaixador, ele é preso e, depois, extraditado. Ela permanece no Brasil e se casa com um amigo em comum.

No final da minissérie, um corte temporal – feito por meio de projeções de manchetes de jornais e cenas documentais, que situam o espectador no momento da Lei da Anistia – promove o reencontro das personagens. E traz à tona uma nova representação das canções festivalescas de 1968, razão pela qual cabe, aqui, uma narrativa das cenas.

Após os anos de exílio, João Alfredo retorna ao Brasil, quando Maria Lúcia já está separada. Eles se aproximam novamente e começam a reconstruir sua história, quando, parece, as diferenças são menores. Até que, em uma das últimas cenas, eles estão juntos numa reunião de amigos "dos velhos tempos" e ela acompanha, a certa distância, uma conversa dele com um grupo de amigos militantes. João, que iria assumir um emprego fixo num jornal em breve, faz planos de viajar para a fronteira do Brasil e buscar informações sobre os movimentos de luta pela terra e voltar quando a reorganização partidária estivesse "mais quente".

Nesse ínterim, Maria Lúcia tem lembranças da relação que eles viveram antes do exílio, representadas por cenas em *flashback*, uma delas relativa ao dia da final do III FIC. Segue a transcrição do diálogo:

> **João Alfredo:** Como é que pode não darem o prêmio para uma obra-prima dessas ["Caminhando"]
>
> **Maria Lúcia:** "Sabiá" é uma maravilha, João!
>
> **João Alfredo:** Alienada!
>
> **Maria Lúcia:** Que isso? Que critério é esse? A gente está falando de música!!!
>
> **João Alfredo:** O Vandré é um gênio!
>
> **Maria Lúcia:** Tá bom, mas vai... É o Tom, é o Chico!
>
> **João Alfredo:** "Caminhando" é o novo hino nacional brasileiro, Lúcia!
>
> **Maria Lúcia:** E "Sabiá" é o quê? Lixo?

A rememoração da disputa do festival traz para o presente as diferenças do casal. Diante das lembranças, ela sai da reunião: e ele, alertado por um amigo, vai ao seu encontro. Alega que pode arrumar o emprego no jornal quando retornar da viagem e que não demorará. Maria Lúcia responde que o admira muito, mas, com um "se eu fosse feito você...", parece encerrar a relação. Quando ela está para sair, ele a chama e confessa: "Lúcia, numa coisa eu estive pensando esses anos todos. *Numa coisa* eu acho que você tinha razão. É sobre o festival... "Sabiá"... era mais bonita, sim. Merecia ganhar." Eles se abraçam, ela entra no carro e vai embora para casa, onde começa, chorando, a folhear um álbum de fotos antigas, ao som de Elis Regina cantando "Como nossos pais" (Belchior, 1976) – "Não quero lhe falar, meu grande amor/ De coisas que aprendi nos discos/Quero lhe contar o que eu vivi/E tudo o que aconteceu comigo". Para encerrar a minissérie, o álbum transforma-se nos créditos da obra, com a exibição de fotografias do elenco e da equipe técnica responsável.

Na minissérie, as canções "Caminhando" e "Sabiá" aparecem, num primeiro momento (o que corresponde ao *flashback* nessas cenas finais), como símbolos da disputa entre o engajamento e a alienação, no contexto de 1968. Num segundo momento, elas são ressignificadas pela nova realidade do militante que retorna à casa, um sujeito histórico que optou (e continua optando) por "fazer a hora, não esperar acontecer", como o narrador de "Caminhando". Mas que, durante a experiência do exílio e do apartamento da terra natal, passou anos se reavaliando e sonhando com o retorno à casa – "Vou voltar,/Sei que ainda vou voltar/Para o meu lugar". A primeira canção torna-se a representação de uma utopia, a ação política que não deu certo, uma forma de revisão do militante sobre sua própria trajetória. A segunda, a representação da esperança na construção de uma nova realidade, de volta à casa, para "anunciar o dia" e provar que "não foi em vão".

As representações sobre a Ditadura Militar, na minissérie *Anos rebeldes*, eram fruto tanto de uma cultura histórica na qual a memória sobre os fatos estava em disputa, quanto dos objetivos artísticos e comerciais próprios da linguagem televisiva. Por um lado, então, está ali representada uma memória histórica sobre a Ditadura Militar, na qual as ações de resistência pareciam ter tido mais força social no período do que se pôde observar, depois, em pesquisas sobre o tema – análise muito bem feita por Reis (2004) e Ridenti (2004). Por outro, está representada uma realidade dividida entre heróis e bandidos, própria da linguagem folhetinesca.

Assim, a personagem de João Alfredo e seus companheiros de militância ganharam ares de heróis e foram representados como "democratas" na luta contra os "militares" que implementaram o autoritarismo. No outro extremo, a ditadura e "suas arbitrariedades, violências, desumanidades, torturas e assassinatos eram fruto de deslizes individuais e/ou da ação da chamada 'linha dura'" (ABDALA, 2009, p. 322). Todos os demais sujeitos históricos – EUA, classe média, igreja, imprensa, escolas, etc. – que apoiaram a ditadura ou se omitiram nesse processo foram "absolvidos" na minissérie, a partir de um movimento que se traduziu na fala final da personagem de Maria Lúcia: "eu te admiro tanto... se eu fosse feito você...".

Como os romances históricos, a minissérie tem elementos de realidade misturados com a ficção, e, ao realizar a mistura, dilui as fronteiras – já absolutamente tênues – entre o ocorrido e as memórias sobre ele. Ali, misturam-se elementos do que foi a Ditadura Militar com elementos da memória social sobre ela construída nos anos posteriores. Como produção de TV, a minissérie agrega aos romances históricos a força da imagem e do som, própria da linguagem televisiva, aumentando o "efeito de realidade" (NAPOLITANO, 2006b) da representação e seu poder de convencimento sobre o espectador. Nesse contexto, as canções engajadas da década de 1960 – inclusive "Sabiá" e – ganharam cores vivas no movimento pelo *impeachment* do presidente Fernando Collor de Mello, especialmente na voz dos estudantes que ficaram conhecidos como "caras-pintadas".

A linguagem em que a canção popular é veiculada, assim como o contexto histórico e artístico em que está inserida, portanto, têm implicações muito grandes sobre as apropriações que dela serão feitas. Assim sendo, os estudos de História que partam da canção popular brasileira precisam levar em consideração o meio de comunicação em que ela circulou, bem como refletir sobre como o público a integrou à memória social e os diferentes significados que lhe foram atribuídos.

PARTE 2
TRAJETÓRIA HISTÓRICA DA CANÇÃO POPULAR BRASILEIRA

Compreender a existência de um circuito de comunicações da canção popular brasileira é fundamental para percebê-la como fato social, visto que essa visão contempla suas diversas facetas: produto artístico e industrial, cultural e comercial, a um só tempo.

Entretanto, para se compreender as razões da hegemonia e da originalidade da canção popular no cenário musical (e cultural) brasileiro, ao longo do século XX, é necessário realizar um exame de outras dimensões da historicidade desse conceito: a trajetória histórica do fenômeno e a forma como ela vem sendo interpretada.

Segundo Napolitano (2006a), o campo de estudos acadêmicos sobre música popular brasileira (no qual a canção popular brasileira é objeto privilegiado de estudos) ainda não está estruturado, embora venha adquirindo consistência teórica e empírica, especialmente a partir da década de 1990. Para ele, há, aí, um duplo movimento: "a tendência de interdisciplinaridade em algumas áreas de ciências humanas (História, Sociologia, Comunicação, Antropologia e Letras) e o surgimento de uma vigorosa 'teoria da canção', a partir dos aportes da semiótica da canção, de Luiz Tatit" (NAPOLITANO, 2006a, p. 148).

Observe-se que a historiografia sobre a música popular brasileira é bem anterior à década de 1990, tendo se desenvolvido desde os anos 1930 por meio de trabalhos de diferentes naturezas: crônicas e críticas musicais, historiografia de tipo jornalístico, estudos memorialísticos, biografias de artistas e grupos, ensaios sobre o tema, etc. O que é relativamente novo em termos históricos é a constituição de um campo de estudos acadêmicos sobre música popular no Brasil.

O texto que você tem em mãos não pretende ser uma história da canção popular brasileira, papel que algumas obras que compõem esse campo de estudos contemporaneamente cumprem de maneira mais do que satisfatória. Em especial, recomenda-se a leitura de quatro trabalhos que fazem essa abordagem, a partir de diferentes olhares.

Cultura brasileira: utopia e massificação (1950-1980), do historiador Marcos Napolitano (2004), é um panorama histórico da produção nos diferentes setores culturais no Brasil (música, cinema, literatura, teatro, jornalismo, etc.). De caráter a um só tempo descritivo e analítico, com destaque para algumas obras e artistas, ele auxilia bastante a mapear a produção de música popular (especialmente a canção popular) do período, avaliando seu papel no conjunto das artes e da produção cultural. Escrito em linguagem acessível e organizado cronologicamente, tanto será uma ferramenta importante para o professor estudar e elaborar seu planejamento didático, quanto pode ser usado com os alunos de ensino médio, como material paradidático.

Do mesmo autor, *A síncope das idéias: a questão da tradição na música popular brasileira* (2007) é um livro cuja leitura recomenda-se, na íntegra, para os professores interessados em conhecer fatos, sujeitos e uma análise substantiva do tema, especialmente entre as décadas de 1930 e 1970, em suas múltiplas dimensões. Aí, a música popular brasileira é tratada como uma tradição híbrida e aberta. Seu processo histórico de invenção é investigado ao longo de sete capítulos, em uma narrativa sobre a história do samba, da bossa-nova e da MPB (sigla que não é sinônimo de música popular brasileira, tratada no trabalho como uma instituição específica dentro dessa categoria ampla). Esse estudo foi construído em diálogo com diversas pesquisas e traz análises originais de discos, fonogramas e outras fontes.

Canção popular no Brasil: a canção crítica (2010), da cientista social Santuza Cambraia Naves, foi escrito sob a forma de ensaio. Aborda especialmente o que a autora chama de canção crítica, aquela que estabelece uma relação direta entre o estético, o cultural e o social. Dividindo o livro em quatro partes, a autora faz uma análise do cancioneiro nacional do século XX, com especial enfoque para o período pós-bossa-nova, em função de sua abordagem teórica do tema. A leitura é recomendada para o professor, que aí encontrará dados e análises importantes para embasar a construção de seu planejamento. Trechos recortados podem, também, ser utilizados para a elaboração de materiais didáticos para alunos do ensino médio.

O linguista, músico e cancionista Luiz Tatit, em *O século da canção* (2004), faz um estudo consistente do desenvolvimento da canção, tomando como categorias centrais de análise a "forma entoativa" e o "gesto oral". Em outras palavras, ele investiga a presença da fala cotidiana na canção popular brasileira e sua forma de apresentação em diferentes experiências históricas. Como o trabalho, em seu todo, não tem referências teórico-metodológicas de natureza histórica, para os professores da disciplina e os interessados na história da canção popular brasileira, recomenda-se, especialmente, a leitura da seção "O século XX em foco" (p. 69-89).

Apesar de não se ter a intenção de apresentar aqui uma análise densa da história da canção brasileira, para que se compreenda como esse fenômeno desenvolveu-se, desde o início do século XX, faz-se necessário apresentar alguns marcos importantes de sua trajetória histórica – o que será feito tomando as quatro obras anteriormente apresentadas como principais portos seguros e pontos de diálogo, além de outros estudos menos panorâmicos.

Os primeiros tempos da canção popular brasileira

Como já se mencionou anteriormente, a história da canção tem como marco inicial "o encontro dos sambistas com o gramofone" (TATIT, 2004, p. 35). As primeiras canções populares brasileiras comercializadas compunham o catálogo de 1902 da Casa Edison, no qual havia seis fonogramas originais dos intérpretes Cadete e Bahiano: "Os 2 crioulos", "Laura", "Desafio português", "Serenata no cemitério", "Chegadinho", "O genro e a sogra". No catálogo de 1913, um outro lote de álbuns do duo: "Cabala eleitoral", "Santa Catarina e Paraná" e "Portugal monarquista".

> [...] ao convidar cantores de música popular, como Cadete e Baiano, para testar a nova tecnologia de registro sonoro, o pioneiro Frederico Figner não sabia que, para solucionar o problema prático de inserção de um produto no mercado, estava consagrando definitivamente a oralidade brasileira (TATIT, 2004, p. 72).

É comum ver-se a informação de que o primeiro samba gravado foi "Pelo telefone", em 1917, de Donga, pela Casa Edison do Rio de Janeiro, concessionária da gravadora Odeon Record no Brasil. Entretanto, há muitas controvérsias acerca dessa versão.

Donga registrou o samba na Biblioteca Nacional em 1916, como seu único compositor, mas muitos outros sambistas reivindicaram sua autoria. Ele era cantado nas rodas de samba da casa de Tia Ciata, que Donga frequentava, e, como era prática à época nas casas das chamadas "tias baianas", era entoado como partido-alto, no qual os cantores improvisam os versos na hora da performance, muitas vezes motivados por um desafio musical. "Pelo telefone", informalmente, tinha mais de uma letra e muitos sambistas se sentiam autores dele, uma produção coletiva. Depois do registro da obra no órgão oficial e da reivindicação geral da "paternidade", apenas Mauro de Almeida foi reconhecido como parceiro de Donga – o que não satisfez à comunidade de origem e nem pôs ponto final à celeuma.

O fato de ser o primeiro registro sonoro de um samba também é questionado. Há quem ateste que outros sambas haviam sido gravados, tanto pela própria Odeon quanto por outros selos fonográficos, como Columbia e Favorite Records, entre 1908 e 1915. Entretanto, não havia um padrão para categorizar as peças, e canções enquadradas em categorias diferentes (polca brasileira, maxixe, tango brasileiro, choro, samba) muitas vezes tinham a mesma estrutura musical. O campo musical estava em início de formação.

> Ouça as gravações de "Pelo telefone" (interpretação de Bahiano, 1917) e "Jura", de Sinhô (interpretação de Araci Cortes, 1928). Analise as semelhanças e as diferenças existentes entre cada uma delas, no que se refere a: instrumentos que compõem o arranjo; forma de cantar (empostação de voz e pronúncia das palavras); andamento da canção; qualidade técnica da gravação. Depois, ouça a gravação que Zeca Pagodinho fez de "Jura" (2000) e compare-a com as gravações ouvidas anteriormente. Observe, a partir dos mesmos critérios, o que é semelhante e o que é diferente.

Tais controvérsias são elucidativas do que era o samba no início do século e de como o registro sonoro transformou as práticas de produção e circulação do gênero musical "samba". Mostra, ainda, como teve início o campo profissional da canção popular brasileira, que cresceu paulatinamente.

Segundo Tatit, foi nos anos 1920, com Sinhô, que a nova letra da canção substituiu o compromisso poético (como acontecia na modinha, por exemplo) pelo compromisso com a melodia. Em outras palavras, passou a se dar mais importância à adequação entre o que era dito e a maneira de dizer, do que ao valor da letra como poema (escrito ou declamado). Ali, a relação texto/melodia ganhava força como uma das principais características da canção popular brasileira.

O início da legitimação social do samba

Segundo Napolitano (2007), foi na década de 1930 que, de gênero afro-brasileiro, o samba passou a ser reconhecido como símbolo da identidade brasileira. Primeiro, porque foi nesse momento que ele se popularizou, pelas ondas do rádio, veículo de comunicação que ganhou impulso definitivo no início da década, com a regulamentação da publicidade. Segundo, porque também nesses anos desenvolveram-se processos de legitimação e oficialização do samba como gênero nacional, em função da atuação de alguns mediadores – como bem analisa Vianna (1995) –, agentes que promoveram o tal encontro sociocultural e suas estratégias de ação. Houve um reconhecimento mútuo: por um lado, o samba desceu para o asfalto; por outro, a "civilização urbana" subiu o morro em busca das referências culturais populares.

Exemplificando: foi nesse contexto que apareceu o samba de Noel Rosa, urbano e de origem nas camadas médias, assim como o de Cartola, que "desceu o morro". Destaca-se, também, a atuação de Almirante no rádio, com programas de caráter educativo; intelectuais e jornalistas, que discutiam a origem do samba e promoveram as "subidas ao morro". Mário Reis e Francisco Alves, como intérpretes, são outros dois mediadores de grande importância.

Tatit considera que foi nos anos 1930, nesse processo de reconhecimento do samba, que os cancionistas firmaram-se de vez no cenário da música popular brasileira. Foi um período de vasta produção, no qual a entoação da linguagem falada ganhou protagonismo; a partir daí, esteve no centro dos gêneros e estilos que se desenvolveram. E a difusão pelo rádio, que chegou ao país e ganhava força em termos de urbanização crescente e migração interna, acabou por transformar os intérpretes em personagens das canções. "Ouvia-se então a voz do malandro, a voz do romântico, a voz do traído, a voz do embevecido, a voz do folião, todas revelando a intimidade, as conquistas ou o modo de ser do enunciador" (TATIT, 2004, p. 76).

> Escute "O orvalho vem caindo" (Noel Rosa, 1933), de preferência na gravação de Almirante e Diabos do Céu (disponível *on-line* no *site* do Museu da Imagem e do Som do Rio de Janeiro – MIS/RJ). Reflita sobre como a canção representa, em termos musicais e poéticos, a sociedade brasileira da década de 1930. Qual seu gênero musical e como o arranjo foi construído (instrumentos, vozes, etc.)? Qual o tema da letra? Que tipo de sensação gera, no ouvinte, a combinação entre letra e a melodia?

A força da canção foi tão grande nesse período, que o Estado transformou-se em sujeito importante na legitimação desse produto cultural. O Estado Novo tentou usar a força do samba como canção em seu favor, buscando disciplinar os temas e as personagens – em vez da malandragem e do ócio, o trabalho. Uma das formas de fazê-lo, além da censura, foi o estímulo à criação e à divulgação dos chamados sambas-exaltação. O gênero tinha uma estética monumental – os sambas eram "monumentos cancionais" – e acabava por criar uma imagem homogênea da nação com os indivíduos a ela submetidos em um espaço público sem diferenças. Foi "inaugurado" por "Aquarela do Brasil", de Ary Barroso (1939), samba que, no processo de divulgação e circulação, foi apropriado pelo Estado Novo como modelo de nação e brasilidade (LIMA, 2008).

Nos anos 1940, viveu-se a ampliação do alcance do rádio como meio de comunicação na sociedade brasileira, em função tanto do aumento do número de casas que dispunham do aparelho, quanto das formas de comunicação popular que ali se desenvolveram, como os programas de auditório e as novelas.

Embora o samba tenha permanecido como *mainstream*, a principal corrente musical do cenário, ganhou novas cores e teve que dividir a cena com gêneros que engendraram outras facetas para a canção popular. O samba baiano de Dorival Caymmi conquistava público e crítica desde 1938, quando a canção "O que é que a baiana tem?" foi gravada por Carmen Miranda, e ganhou ainda mais espaço a partir do início da década de 1940, com sua atuação no rádio e o lançamento de clássicos como "O samba da minha terra" e "É doce morrer no mar". Os regionais dançantes de Luiz Gonzaga (baião e xote, especialmente) e os ritmos latinos (sobretudo o bolero) ganhavam terreno na escuta do público, viajando pelas ondas do rádio e também nas telas dos cinemas, com as chanchadas.

Do samba-canção à bossa-nova

O diálogo do samba com os ritmos latinos incrementou o samba-canção surgido nos anos 1920, dando-lhe a alcunha de "samba abolerado". De andamento moderado, seus temas, timbres e interpretações tinham no excesso de romantismo sua marca registrada, e no "fim de caso", a temática mais recorrente. Alguns artistas, cancionistas e intérpretes se destacaram nesse gênero: Lupicínio Rodrigues, Dolores Duran, Maysa, Ângela Rodrigues, Eliseth Cardoso e até Vinicius de Moraes e Tom Jobim, em fase pré-bossa-nova.

> Escute as seguintes gravações: Maysa, em *Meu mundo caiu* (1960); Dolores Duran, em *Castigo* (1958); Lupicínio Rodrigues, em *Nervos de aço* (1947). Compare-as, pensando nos seguintes aspectos: temática, andamento, instrumentos que compõem o arranjo, forma de interpretação. A partir da comparação, reflita: por que todas elas são consideradas "sambas-abolerados"?

Em reação a essa tendência, que considerava uma produção "popularesca e comercial", um grupo de críticos e folcloristas – dentre eles, destaca-se Almirante – localizou a "boa música popular" na recente tradição urbana dos anos 1920 e 1930. Propondo ações e programas de revalorização de nomes como Noel Rosa, Pixinguinha, Ismael Silva, Lamartine Babo, Ataulfo Alves ou Wilson Batista, esse grupo inventou as noções de "era de ouro" e "velha guarda". Estratégia que vinha sendo desenvolvida desde o Estado Novo, a folclorização das representações do povo brasileiro acabou se transformando em uma forma de legitimação da expressão dos grupos populares.

> Assim, a febre folclorista que tomou conta do país, à esquerda e à direita, entre fins dos anos 40 e, praticamente, toda a década de 50, serviu como uma legitimação cultural e intelectual, ancorada num projeto político que se tornava fundamental na medida em que crescia a urbanização: chegar às massas populares, seja para reforçar o patriotismo conformista (direita) ou a consciência nacional (esquerda). Ambos os pólos ideológicos partiam do mesmo pressuposto: o povo tinha uma identidade básica, ancorada na tradição, e deveria guiar-se por ela na sua caminhada histórica (NAPOLITANO, 2002, p. 59).

Naves (2010) chama a atenção para o cuidado que se deve ter com o tratamento dos anos 1920 como "era de ouro", como se fosse um momento de pura inovação. De fato, esse foi um período de efervescência e modernização, mas não se deve pensar na história de forma evolucionista, como se fosse possível o "velho" permanecer apenas como resquício do passado em uma sociedade moderna. Tradição e modernidade conviviam no Rio de Janeiro daquele momento, e o conceito, criado *a posteriori*, tende a apagar a tese da linearidade.

É também como uma espécie de reação à forma do samba-canção que Tatit (2002) vê o nascimento da bossa-nova – um movimento que, surgido no meio musical, espraiou-se para outros setores da sociedade e foi associado a um "novo modo de ser". A bossa-nova teria sido uma reação não no sentido estratégico, mas no sentido cultural, de criação de um novo gesto de expressão musical. Em contraponto ao uso (e ao abuso) de uma estética do exagero formal nas interpretações e nas narrativas românticas, um grupo de artistas, sob a influência do *cool jazz* norte-americano, adotou a postura de uma "tomada de posição estética" de recolhimento e depuração. Temas cotidianos, melodias e arranjos mais enxutos, canto coloquial e postura com menos afetação engendraram o "gesto bossa-novista".

Inicialmente, esse novo gênero trouxe compositores e intérpretes oriundos de estratos sociais que, até então, não se interessavam diretamente pela música popular. A eles, seguiram-se novos espaços de criação e vivência de música, novos temas, novos arranjos estéticos e, posteriormente, com o crescimento do alcance da TV como veículo de comunicação, novos públicos. A bossa-nova é conhecida como uma criação carioca, de uma classe média que narrava seu cotidiano nas letras e melodias das canções e reunia-se para tocar violão e cantar em ambientes privados. Os "bossa-novistas" de origem eram influenciados pela forma de cantar de intérpretes que iam na contramão do samba--canção, como Dick Farney e Lúcio Alves. Nessa categoria, podem-se enquadrar artistas como Ronaldo Bôscoli, Roberto Menescal, Nara Leão – que ganhou a alcunha de "musa da bossa-nova" –, Carlos Lyra, Billy Blanco e Luiz Bonfá. É interessante notar que, se, por um lado, a bossa-nova foi uma reação ao samba-canção, por outro, alguns cancionistas desse gênero aproximaram-se da nova forma de fazer canção a tal ponto, que se tornaram referências centrais; é o caso de Tom Jobim, Vinicius de Moraes e, mesmo, Antônio Maria (coautor de peças como "Manhã de carnaval" e "Samba do Orfeu").

Tom Jobim e João Gilberto costumam ser considerados os dois maiores expoentes do gênero. Segundo Tatit, cada um a seu modo, eles teriam dado início ao uso da coloquialidade na composição e na interpretação (vocal e instrumental). Jobim, traz para a canção popular brasileira as dissonâncias do jazz, para condensar efeitos emocionais, e a dinâmica do diálogo cotidiano, como em "Tereza da praia", parceria com Billy Blanco. João Gilberto, incorporando a elas a batida suavizada do samba, que dá ritmo ao canto-fala, encaminha-se para uma maneira inteiramente nova de usar violão e voz.

> Escute as seguintes gravações da canção "Chega de saudade" (Vinicius de Moraes e Tom Jobim, 1958): Elizeth Cardoso (1958), João Gilberto (1958) e Nara Leão (1971). Analise as semelhanças e as diferenças entre elas, quanto a: andamento, instrumentos que compõem o arranjo, forma de interpretação (empostação de voz e "diálogo" com os instrumentos do arranjo). Por fim, reflita: quais são as diferenças na forma de interpretação da bossa-nova, marca das duas últimas gravações, com relação à primeira? Que elementos da gravação de João Gilberto são inovadores, com relação à anterior, que podem ter levado público e crítica a considerá-la moderna? Que elementos da gravação de João Gilberto foram referências para a gravação de Nara, caracterizando uma forma específica de fazer canção popular brasileira?

O protagonismo da canção na produção musical bossa-novista é interpretado por Naves como o momento de maior "autonomia da canção". Em outras palavras, ela destaca o fato de que a canção bossa-novista é o "artefato completo, totalmente contido na unidade música-letra" (NAVES, 2010, p. 98) – o que se torna um paradigma para a canção popular brasileira feita posteriormente, mesmo quando é contestado.

No início dos anos 1960, surgiu a chamada "bossa nacionalista", a uma só vez a contraposição ao "samba quadrado" e o reduto de nascimento da "canção engajada". Às inovações estéticas da bossa-nova – considerada alienada pelos estudantes engajados de esquerda – seriam associadas abordagens político-ideológicas. Travou-se, aí, um debate acalorado sobre o nacionalismo e as funções da arte política, especialmente no âmbito do movimento estudantil, nos Centros Populares de Cultura da União Nacional dos Estudantes (CPC da UNE).

Nesse gênero, os principais cancionistas foram Carlos Lyra e Sérgio Ricardo, articulando as tensões entre as intenções políticas e as formas musicais construídas nesse momento. Destacam-se, aí, os contornos nacional-populares da canção, que permanecerão muito presentes nos anos seguintes, alimentados pelos festivais da canção, incorporados pelas indústrias televisiva e fonográfica. Nesse momento inicial de produção da "canção engajada" com a bossa participante, também esteve presente Geraldo Vandré, que se tornaria ídolo, poucos anos depois, no contexto dos festivais.

Em 1962, a bossa-nova ganhava o mundo com um show de grande repercussão no Carnegie Hall, em Nova York, do qual participaram muitos artistas brasileiros, como João Gilberto, Tom Jobim, Luiz Bonfá, Carlos Lyra, Sérgio Mendes, Roberto Menescal, além do argentino Lalo Schifrin, com seu sexteto, e de Stan Getz. Enquanto isso, a bossa nacionalista promovia no Rio de Janeiro a I Noite da Música Popular Brasileira, num novo movimento de "subida ao morro", em busca de novos materiais sonoros para a sua produção. O embate ideológico entre as duas tendências se explicitava.

> Escute as gravações originais "Tereza da praia" (Tom Jobim e Billy Blanco, 1954) e "Zelão" (Sérgio Ricardo, 1960). Analise que representações dos valores da sociedade brasileira de então poderiam ser destacados em cada uma delas. Reflita sobre o que elas têm de semelhante, em termos musicais, que permite enquadrá-las na categoria "bossa-nova". Observe as significativas diferenças temáticas de suas letras e reflita: por que a primeira foi considerada "bossa alienada" pela turma que produziu a "bossa engajada", da qual a segunda canção é uma representante?

Mais do que pela venda de discos, o sucesso bossa-novista pode ser medido pelo fato de ter renovado a tradição musical brasileira e atingido um público jovem. Além disso, esse gênero musical conformou a produção da canção popular no país e o projetou o Brasil e sua cultura no cenário internacional.

MPB e Jovem Guarda

O campo cultural ligado à produção e ao consumo musical no Brasil já estava instituído e havia se estabelecido, sobretudo após o advento do rádio como grande meio de comunicação, durante as décadas de 1930, 1940 e 1950. Entretanto, em meados dos anos 1960, o campo cultural vivia um processo de reconfiguração, em função do crescimento das indústrias fonográfica e televisiva, da consequente ampliação do público consumidor da música popular, das repercussões da estética bossa-novista e das mudanças no contexto político nacional.

Especialmente, o Golpe de 1964 produziu um corte significativo na produção musical tanto em função do acirramento da crise político-ideológica da esquerda, quanto de questões próprias do mercado. A partir daí, a criação da moderna MPB se deu, com base na resistência ao sistema e na divergência de objetivos (políticos e estéticos) interna ao campo de produção musical, num debate que se explicita na "era dos festivais" e se radicaliza com o surgimento do Tropicalismo.

A MPB – com maiúsculas, nesse caso – foi germinada ainda na bossa-nova, momento em que começou o processo de "substituição de importações" no consumo cultural. Mas foi mesmo engendrada entre 1964 e 1968, o ápice da tradição da música popular brasileira. Mais que um gênero, é um mosaico de formas, temas e sons que não pode ser definido como uno; uma espécie de idioma da "nação-povo" que abarca dialetos, que se identificam, inclusive, nos diferentes gêneros musicais. Considerada por Napolitano uma instituição que reinventou a tradição, conquistou público e crítica, e reorganizou o mercado na década de 1960, a MPB articulou não só tradição e modernidade, mas também o que até então parecia inconciliável: interesses comerciais e ideológicos.

Embora não seja um estrato musical exatamente popular, tendo nas camadas médias escolarizadas seu principal público, a MPB foi popularizada pela TV e formou a base do mercado fonográfico em pleno crescimento, no espírito da modernização conservadora da Ditadura Militar. Os novos sentidos da canção popular brasileira foram forjados também em diálogo com o teatro nacional e no âmbito dos festivais da canção (entre 1966 e 1968).

A aproximação da canção popular de caráter crítico – a chamada canção engajada – com o teatro teve no sucesso do show *Opinião*, em 1964, um momento de destaque. Ao longo das décadas de 1960 e 1970, produções de grupos de teatro como Arena, Opinião e Oficina, com textos de dramaturgos nacionais (Oduvaldo Vianna Filho, Paulo Pontes, Armando Costa, Gianfrancesco Guarnieri, Dias Gomes – não por acaso afeitos à tradição comunista) e em cooperação com diferentes cancionistas (Dori Caymmi, Edu Lobo, Chico Buarque, entre outros), consolidaram essa relação e uma forma de produzir canções "de personagens".

Na televisão, programas de auditório com diferentes propostas conquistavam o antigo público do rádio e atingiam também distintos segmentos sociais, como as diferentes faces da juventude. Conviviam no novo veículo de comunicação de massa o rock iê-iê-iê, as inovações bossa-novistas (engajadas ou não) e a tradição da velha guarda. Nesse âmbito, Eliseth Cardoso foi para a televisão e Elis Regina e Roberto Carlos despontaram como ídolos, sendo tratados como representantes de tendências que passaram a ser consideradas antitéticas – o engajamento de tipo nacional-popular e a alienação da canção de referências internacionais.

Como é de se supor, essa última tendência foi assim avaliada, como alienada, pelos artistas engajados. Nacionalmente, ficou conhecida como *Jovem Guarda*, o nome do programa de auditório que reunia, aos sábados, os representantes do rock nacional dos anos 1960. O rock não chegou ao Brasil nesse momento, é importante destacar. Já no final da década anterior, os irmãos paulistas Celly e Tony Campello haviam projetado o gênero, especialmente com versões de rocks italianos e americanos, por exemplo, "Stupid cupid", sucesso internacional de Neil Sedaka. Mas o rock iê-iê-iê estourou mesmo nos anos sessenta e fez frente à nascente MPB.

> Escute as canções "Namoradinha de um amigo meu" (Roberto Carlos, 1966, interpretada por ele) e "Arrastão" (Vinicius de Moraes e Edu Lobo, 1965, interpretada por Elis Regina). Compare-as, tomando como referência: temas abordados, instrumentos que compõem o arranjo, estrutura da música, gênero musical. Como você definiria, considerando todos esses critérios, o embate entre a canção de tipo nacional-popular e o rock iê-iê-iê em meados da década de 1960?

O núcleo da jovem guarda eram Roberto Carlos, Erasmo Carlos e Wanderléa, mas muitos outros artistas integravam a turma: Renato e seus Blue Caps, Jerry Adriani, Ronnie Von, Martinha e vários outros. Eles produziam um "um tipo de rock ingênuo, mais próximo das baladas norte-americanas do final dos anos 1950 do que da revolução que os Beatles estavam conduzindo na música *pop*" (NAPOLITANO, 2004, p. 55). Os temas das canções, em geral, eram a vida cotidiana de uma juventude preocupada com diversão, carros, namoros, um mundo representado como de futilidade e consumo pela MPB nacional-popular. O comportamento jovem, inclusive na forma de se vestir e falar (com novas gírias), era uma de suas frentes, que conquistou muitos adeptos entre a juventude.

A forma de fazer a canção popular, na segunda metade da década de 1960 (e nos anos seguintes, visto que foi aí que se engendrou a chamada MPB), ficou muito marcada, também, pelos festivais da canção, no que se refere à escolha de temas literários e musicais, nos timbres, nos arranjos e na performance de palco. O período de realização dos festivais, durante a Ditadura Militar, se estendeu de 1960, quando a TV Record de São Paulo fez uma primeira experiência desse tipo, a 1972, ano em que ocorreu o útlimo Festival Internacional da Canção (FIC). Mas seu momento de auge, efetivamente, foi entre os anos de 1965 e 1968. Nesse período, concorreram canções que se tornaram ícones da MPB – como "Arrastão", "A banda", "Disparada", "Ponteio", "Domingo no Parque", "Alegria, alegria", "Caminhando", "Sabiá", entre tantas outras – defendidas por intérpretes já consagrados, mobilizando paixões de um amplo público, via TV, e ditando as regras do mercado musical.

Por um lado, o regulamento dos festivais, que exigia a utilização de gêneros (como o samba e a toada) e timbres nacionais (como o violão, a viola e as percussões regionais), e , por outro, a partilha das referências nacional-populares por artistas e o segmento de público que acompanhava as competições conduziram a criação cancional para os motivos folclóricos, timbres instrumentais regionais (especialmente os nordestinos) e a crítica à sociedade de então. E a MPB transformou-se no *mainstream* da canção popular brasileira, marcada pelo engajamento de tipo nacional-popular – no que se refere à criação e à legitimidade social, não às vendagens e ao gosto popular, mais ligado às canções românticas.

Vários cancionistas despontaram, rapidamente, como ídolos nesse contexto, dentre os quais destacam-se Chico Buarque, Edu Lobo, Geraldo Vandré, Gilberto Gil e Caetano Veloso. Chico Buarque, inicialmente muito associado à tradição da MPB anterior à bossa-nova, por público e crítica, em função de seu diálogo com o samba urbano carioca. Edu Lobo e Geraldo Vandré, aos gêneros e timbres regionais e à canção engajada de tipo nacional-popular – sendo o segundo o representante da chamada "canção de protesto", que exortava mais diretamente à ação. Gilberto Gil e Caetano Veloso, que chegaram por meio do diálogo com a bossa-nova e o nacional-popular e, muito rapidamente, produziram um corte significativo na canção popular brasileira com a proposição do tropicalismo musical.

Depois da participação de Caetano Veloso e Gilberto Gil no Festival da TV Record de 1967, a MPB não seria mais a mesma. O impacto do movimento tropicalista, ao longo de 1968, exigiu uma revisão das bases estéticas e valores culturais que norteavam a MPB e, no limite, obrigaram a uma abertura estética do "gênero" a outras influências que não os "gêneros de raiz" ou materiais folclóricos (NAPOLITANO, 2002, p. 67).

O tropicalismo musical

O grupo dos tropicalistas lançou coletivamente, em 1968, o disco *Tropicália ou Panis et circensis*, títulos de duas das faixas do LP. Era composto por Gilberto Gil, Caetano Veloso, Gal Costa, Capinam, Torquato Neto, Tom Zé, Nara Leão (expoente da bossa-nova e da MPB engajada, em momentos anteriores), Os Mutantes (conjunto de rock então integrado por Arnaldo Baptista, Rita Lee e Sérgio Dias) e o maestro Rogério Duprat, responsável pelos arranjos. Esse álbum é um ícone do "movimento", mas outros discos individuais, desses artistas, foram produzidos nesse contexto.

Alvo de inúmeras interpretações críticas e análises acadêmicas, desde que se anunciou como evento histórico e ao longo dos anos posteriores, o Tropicalismo é talvez o tema mais estudado da música popular brasileira. Sobre ele, poucos consensos há, a não ser o fato de que produziu um novo e significativo corte no fazer da canção popular brasileira, embora, como movimento, tenha tido uma duração muito curta.

Tatit (2002) interpreta o Tropicalismo como a criação de um gesto tão paradigmático para a canção popular brasileira quanto a bossa-nova, embora em direção diferente. Enquanto o gesto bossa-novista era de "recolhimento e depuração", o tropicalista era de "expansão e assimilação".

> Em suma, tropicalismo e bossa-nova tornaram-se a régua e o compasso da canção brasileira. Por isso, são invocados toda vez que se pede uma avaliação do século cancional do país. É como se o tropicalismo afirmasse: precisamos de todos os *modos de dizer*, e a bossa-nova completasse: e precisamos dizer convincentemente (TATIT, 2002, p. 89).

Usar todos os modos de dizer significava valorizar a pluralidade e a diversidade, incorporando à canção popular elementos que a MPB de então rechaçava em função de princípios político-estéticos ou mesmo de hábito. Os tropicalistas chocaram o campo artístico, bem como parte do público e da crítica, com uma produção incomum para o contexto, em termos de gêneros (como o rock e o samba-canção), timbres (como a guitarra elétrica e o sintetizador), temas (como o amor romântico, o consumo e a sexualidade) e performances (em termos vocais, corporais e instrumentais). Não deixaram também de dialogar com o que era produzido no formato cancional vigente, muitas vezes, inclusive, de forma irônica. E incorporaram, ainda, as propostas bossa-novistas, a seu modo. A ideia era a de que todas as sonoridades, sem restrição, deveriam compor a expressão cancional brasileira. É considerado "expansão e assimilação" por ter ampliado o formato vigente, assimilando todas as formas de sonoridade e arte na produção da canção popular.

> Assista ao documentário *Uma noite em 67*, com especial atenção aos vídeos das interpretações das canções vencedoras do Festival de MPB da Record, de 1967: "Ponteio" (Edu Lobo e Capinam), "Domingo no parque" (Gilberto Gil), "Alegria, alegria" (Caetano Veloso) e "Roda viva" (Chico Buarque). Observe as semelhanças e diferenças entre as canções e as performances de cancionistas e intérpretes, no que se refere a: temas abordados, instrumentos que compõem o arranjo, estrutura da música, gênero musical, gestual, interpretação vocal e vestuário. Reflita e indague: como o conjunto de canções, em sua combinação melodia/letra, apresenta os embates ideológicos e as mudanças de valores em curso na sociedade brasileira dos anos 1960?

Napolitano chama a atenção para o fato de que a dimensão de "abertura" do Tropicalismo não era única. Vinha de par com uma dimensão de "fechamento", em direção ao *mainstream* da MPB e a seus valores estéticos e políticos, em geral ligados ao nacional-popular, buscando o povo em um passado tradicional. A dinâmica tropicalista foi, portanto, de "abertura-fechamento", baseada numa ideia anunciada por Caetano Veloso em uma entrevista de 1966, de que seria preciso buscar retomar a "linha evolutiva" da MPB – qual seja, retomar e ampliar parte da proposta bossa-novista que teria sido abandonada: a seleção de elementos da tradição que atendessem às demandas do presente moderno, articulando-as a elementos novos, que promovessem a ruptura e negassem o gosto médio vigente entre os produtores e os ouvintes de MPB.

Naves (2010), por sua vez, interpreta o Tropicalismo como um processo de "desconstrução da canção popular", no qual a autonomia atribuída pela bossa-nova se perdeu. Com o tropicalismo, a canção deixou de ser uma expressão em si mesma, um casamento perfeito entre melodia e letra, transformando-se na expressão da polifonia.

Muitas vozes "falam" na mesma canção: há mais de uma voz nas letras (é comum haver mais de um narrador); no canto, nem sempre articulado com a letra da canção; nos instrumentos que compõem os arranjos; e na performance de palco do artista.

A canção "só se completa com elementos externos – arranjo, interpretação, até mesmo capa de disco" (NAVES, 2010, p. 98). Não que esses elementos estivessem ausentes da canção popular feita em outros momentos; ao contrário, são fundamentais para compreender esse produto cultural em sua historicidade. No entanto, na canção tropicalista, todos esses elementos têm igual importância, não há um protagonismo da relação melodia/letra.

Naves destaca, ainda, algumas características fundamentais da criação cancional tropicalista, importantes para que se possa compreender, inclusive, a produção brasileira das décadas posteriores. Primeiro, reforça a ideia de uma produção cultural baseada nos contrastes:

> A Tropicália traz de volta as cores e os adornos rejeitados pela bossa nova, embora não abandone o preto e branco, pensando um Brasil híbrido e cheio de contrastes, em que a voz pequena convive com os excessos vocais, com lugar tanto para o registro fino quanto para o mau gosto, tanto para o *clean* quanto para o sentimental e o *kitsch* (NAVES, 2010, p. 104).

A ambiguidade da cultura é acentuada, portanto, nas canções que aliam polos aparentemente opostos: intimista e extrovertido, fino e brega, nacional e estrangeiro, *clean* e sujo, etc.

> Escute três canções do LP *Panis et circensis*: "Coração materno" (Vicente Celestino), "Panis et circensis" (Gilberto Gil e Capinam), "Parque industrial" (Tom Zé). Compare-as entre si, inclusive buscando identificar os "opostos da tropicália" em cada uma delas, nas temáticas poéticas e musicais. Quais os elementos ali presentes você considera "atuais" (ou "modernos") e os quais considera "antigos"?

Além disso, a autora menciona a importância das citações de outras referências culturais, musicais ou não, na canção tropicalista. Alusões a poemas concretos – o Concretismo, aliás, foi uma referência fundamental para esse movimento –, versos e melodias de outras canções e eventos históricos eram comuns, muitas vezes a partir de inversões da lógica original. Por exemplo, Naves menciona as alusões de Caetano Veloso à composição bossa-novista "Inútil paisagem" (Tom Jobim e Aloísio de Oliveira, 1954) em "Paisagem útil" (1968), não apenas no título, mas na realização da canção. A intertextualidade, já presente no cancioneiro popular brasileiro, é exacerbada e, a partir de então, transforma-se em algo usual.

Considera-se importante, finalmente, destacar o fato de que no Tropicalismo a canção popular era concebida como um produto de mercado, o que se explicita na preocupação com a imagem dos artistas e de suas produções. Não se negava a inserção da canção tropicalista no mercado, como muitas vezes faziam os cancionistas da MPB ortodoxa – o que não significa que esses últimos não estivessem inseridos no mercado musical e realizando sua produção a partir das regras da indústria fonográfica.

Apesar de sua pujança e força, o movimento tropicalista foi curto, porque sofreu um corte abrupto com o Ato Institucional nº 5, em dezembro de 1968. A radical contestação da ordem implicou a prisão e posterior exílio de Caetano Veloso e Gilberto Gil, os mais populares tropicalistas. E, nesse contexto, também a MPB ligada à tradição nacional-popular viveu um processo de desarticulação, não apenas pelo exílio (forçado ou "voluntário") de alguns grandes nomes, mas também pela ação intensificada da censura sobre a produção cancional. Ademais, as transformações do mercado alteraram as configurações do universo cancional no início dos anos 1970. Vale destacar o desenvolvimento da indústria fonográfica, com o milagre econômico, e a tendência a maior segmentação de público consumidor de música popular.

Canção romântica e pilantragem

Uma historiografia recente também começa a questionar a visão atual que se tem sobre o universo cancional desse período, baseando-se na larga produção da canção romântica – responsável por uma fatia do mercado muito maior do que a MPB – e, sobretudo, na construção de uma memória de resistência sobre o período. A esse respeito, observe-se a alegação do historiador Gustavo Ferreira:

> O ano de 1968 é quase sempre visto como o clímax da contestação ao regime. No entanto, por meio de pesquisa em arquivos de vendagens de discos, constatei que grande parte dos compradores

passavam ao largo do debate "principal" daquele ano: tropicalistas X música de protesto. Segundo os arquivos do Ibope, Roberto Carlos continuava como o rei inconteste dos brasileiros. Seu disco do ano (*O inimitável*) fora o mais vendido. O intérprete Agnaldo Timóteo teve a segunda maior vendagem de LPs e compactos de 1968. Um dos discos conceituais da música brasileira, *Tropicália ou panis et circensis* (1968), não aparece nem na lista dos 20 mais vendidos daquele ano. Aliás, 1968 parece ter sido o ano de Roberto Carlos, Paulo Sérgio e Agnaldo Timóteo, se nos limitarmos ao arquivo de vendagem de discos (FERREIRA, 2011, p. 194).

A popularidade da música romântica, já grande nos anos 1960, cresceu muito ainda na década seguinte. No caso desse gênero, não incorporado realmente à sigla MPB e mais popular em termos de alcance de público, inclusive de vendas de discos, observam-se dois movimentos. Além de ser desqualificado, em termos estéticos, com relação à MPB, ele era dividido internamente, a partir de uma distinção entre a canção romântica "de qualidade" e a "brega".

Roberto Carlos consagrou-se, desde a década de 1970, como o grande ícone da canção romântica brasileira "de qualidade". Até 1975, compôs clássicos do gênero, como "Detalhes", "Amada Amante", "Proposta", "Além do horizonte", "Os seus botões", todos esses reforçando a já antiga parceria com Erasmo Carlos. Em 1974, fez o primeiro especial de fim de ano para a TV Globo, cujo sucesso e repercussão foram tamanhos que fizeram do programa uma "tradição inventada" para a época de Natal. A partir de então, o especial passou a ser aguardado pelo público. Roberto Carlos manteve, no gênero romântico, a condição de grande vendedor de discos e, mobilizando um imenso contingente de fãs por todo o Brasil – de diferentes idades e condições sociais – ganhou o cognome de "Rei". Sua posição na história da canção popular brasileira é de grande destaque, definidora de uma nova forma de conceber a canção no âmbito da indústria fonográfica, tanto no que tange à produção quanto à recepção.

A importância da "canção brega" é investigada em um trabalho de Paulo César Araújo (2003), que apresenta uma tese inovadora em termos historiográficos. Ele problematiza a categorização de "brega", colocando em xeque a própria concepção de "bom gosto" criada por camadas intelectualizadas, o que mostra que a música representa os valores e os conflitos que compõem a dinâmica social. Com a preocupação de não avaliar esteticamente as obras, trata-as, em seu conjunto, como um fenômeno social, centrando-se especificamente em sua repercussão social e nas razões de seu sucesso popular.

Segundo o autor, artistas como Odair José, Agnaldo Timóteo e Waldick Soriano verdadeiramente incomodavam a Ditadura Militar, tanto quanto (às vezes mais do que) figuras como Chico Buarque e Caetano Veloso. No caso deles, as questões abordadas não eram relacionadas à esfera política institucional e partidária, mas a questões políticas (que os cancionistas muitas vezes sequer consideravam assim) que tangiam às relações entre diferentes classes sociais, valores, hábitos e práticas sociais.

Eram artistas que representavam as camadas populares, não dominavam os códigos da cultura erudita, passaram por um processo de escolarização precário – como a maior parte da população brasileira –, e produziram canções que tornaram-se sucessos nas rádios AM e eram cantadas por todo o país. Tratavam recorrentemente de temas como relacionamento amoroso, sexo e relações sociais, apresentando uma visão que não era aceita como legítima nem pela elite cultural, nem pelos órgãos da censura, que viam ali uma afronta moral aos valores tradicionais.

Em entrevista a um blog, no ano do lançamento desse livro, Paulo César Araújo resume bem a complexidade da "música cafona" (ou "canção brega", como é também conhecida), ao tratar daquele que considera seu maior representante:

> Sem dúvida, Odair José, não por acaso o personagem mais citado no meu livro. Ele foi um cantor corajoso, provocador e contestador na época do regime militar. Ainda mais porque, ao contrário de artistas como Caetano Veloso e Milton Nascimento, que atingiam um segmento de classe média, universitário, progressista, Odair falava para os baixos estratos da população, um público majoritariamente católico, conservador, apegado aos tabus, aos valores sociais vigentes. As composições de Odair José focalizavam diversos temas do cotidiano e convidavam seu ouvinte à reflexão e ao questionamento. Suas canções abordam, por exemplo, prostituição (*Vou Tirar Você Desse Lugar*); homossexualismo (*Forma de Sentir*); drogas (*Viagem*); anticoncepcionais (*Pare de Tomar a Pílula*); exclusão social (*Deixa essa Vergonha de Lado*); religião (*Cristo, quem é Você?*); alienação (*Novelas*);

adultério (*Pense ao Menos em Nossos Filhos*). E como se não bastasse, ele ainda idealizou uma ópera-rock de protesto religioso, o que provocou a fúria da Igreja e levou alguns padres até a ameaçá-lo de excomunhão. Proibido pela Igreja e pelo regime dos generais, Odair José ainda enfrentou a ruidosa vaia do público do Anhembi no show com Caetano Veloso no Phono 73. Aliás, este espírito ousado, provocador e inquieto de Odair foi sintetizado por ele numa canção composta em 1972: *Eu Queria Ser John Lennon* (ARAÚJO, 2003b).[5]

Cabe destacar a existência de uma proposta estética diferente da MPB, do rock iê-iê-iê da Jovem Guarda e da canção romântica, ainda no momento de constituição da legitimidade da MPB no campo artístico: a pilantragem. Apesar de vinculada a um pequeno grupo de artistas e vista com maus olhos dentro do campo artístico, teve grande destaque no cenário cancional desse período, conquistando o público tanto no mercado fonográfico, quanto na TV, com o programa de auditório Show em Si... monal (TV Record, 1966).

> Ouça as seguintes intepretações: Wilson Simonal em "Mamãe passou açúcar em mim" (1966), Roberto Carlos em "Ciúme de você" (1968), e Paulo Sérgio em "A última canção" (1968).
> Reflita sobre as aproximações e os distanciamentos entre as canções, do ponto de vista da estrutura e das interpretações, considerando especialmente: as representações da mulher, o tipo de sonoridade (instrumentos que compõem o arranjo), a forma de cantar dos intérpretes (empostação de voz e dicção). Procure caracterizar a pilantragem e a canção romântica, apontando semelhanças e diferenças entre essas duas formas cancionais.

Idealizada e capitaneada por Wilson Simonal e Carlos Imperial, a pilantragem já propunha a liberdade de fusão de sonoridades estrangeiras (do jazz e do soul aos ritmos latinos) com as brasileiras (da bossa-nova ao samba revisitado), propondo-se a modernizar a música popular.

---

[5] <http://www.oesquema.com.br/trabalhosujo/2003/10/24/paulo-cesar-de-araujo.htm>.

Criando novos sucessos – o maior deles foi "Mamãe passou açúcar em mim" (Carlos Imperial e Eduardo Araújo, 1966) – ou reinterpretando antigos sucessos com nova roupagem, o projeto era declaradamente comercial, valorizava a espontaneidade e a incorporação das novidades, e propunha a aproximação com as massas. Em termos estéticos, era calcado no escárnio, na ironia e no deboche, bem como em valores próprios da sociedade de consumo "burguesa", como o exibicionismo de bens (como carros), as conquistas de mulheres e a auto propaganda.

Em termos políticos, era controverso, portanto. Seus pilares eram o oposto do que propunha a canção engajada, não apenas pela apologia ao consumo. Sua figura central era a do pilantra, um tipo popular que se opunha à ideia de "povo", eixo do projeto nacional-popular. Esse, o povo trabalhador e honrado, era, aí, considerado a base da nação. Além disso, debochava abertamente da "música universitária", a canção engajada que era o pilar da MPB.

Apesar do seu sucesso na segunda metade da década de 1960, a pilantragem não teve longa duração no cenário do universo cancional. Em 1970, Simonal envolveu-se em um episódio de uso da estrutura do DOPS (e da tortura) para solucionar problemas pessoais, o que acabou em um processo judicial no qual ele foi condenado. Tendo dado algumas declarações de alinhamento com o governo da ditadura, foi alijado no meio artístico e intelectual. Nesse contexto, junto com a figura de Simonal, que teria se transformado no "bode expiatório" da memória sobre a resistência artística, a proposta estética da pilantragem, com seus paradoxos, foi silenciada. Recentemente, o artista e sua proposta estética vêm sendo recuperados, no âmbito de uma corrente historiográfica que questiona as representações da resistência à Ditadura Militar no Brasil (ROLLEMBERG; QUADRAT, 2011).

A diversidade cancional dos anos 1970

Na passagem da década de 1960 para a de 1970, alguns coletivos de produção cancional de diferentes perfis formaram-se e foram incorporados à indústria fonográfica, anunciando a diversificação do mercado. É interessante perceber esse movimento de diálogo musical em pequenos grupos, que acabaram desenvolvendo formas específicas de produzir a canção popular, assimiladas pelo mercado nos anos seguintes.

O Movimento Artístico Universitário (MAU), carioca, teve origem em saraus promovidos na residência do músico e psiquiatra Aluízio Porto Carreiro de Miranda, onde se encontravam artistas da "velha guarda" e jovens universitários, em espírito de troca e diálogo. Tendo participado de festivais da canção universitários, a partir de 1972, alguns dos jovens cancionistas iniciaram carreiras individuais de sucesso – como Gonzaguinha, Ivan Lins e Aldir Blanc – e mantiveram aceso o desejo de produzir uma MPB de tonalidades políticas e estéticas nacional-populares, de teor crítico e transformador da realidade.

O Clube da Esquina, mineiro, teve origem em encontros de um grupo de amigos que produziam música juntos, colocando em diálogo referências locais e universais. O resultado foi uma sonoridade considerada original, que combinava o rock dos Beatles, o jazz, os timbres das músicas regionais folclóricas de Minas e o samba tradicional de Clementina de Jesus. Os cancionistas desse grupo não demonstravam uma preocupação particular com os debates em curso na MPB – a originalidade brasileira da tradição popular x a originalidade brasileira da vanguarda aglutinadora –, mas produziram uma obra que valorizava a força da transformação e a diversidade, com contornos políticos de resistência à ordem autoritária. O nome de maior destaque desse grupo é Milton Nascimento, mas muitas carreiras individuais importantes nele nasceram, como as de Toninho Horta, Wagner Tiso, Ronaldo Bastos, Beto Guedes, Lô Borges, Márcio Borges, Fernando Brant e outros. Sua entrada na indústria fonográfica consolidou-se em 1972, com o lançamento do LP *Clube da Esquina*, pela EMI.

Vindos da Bahia, como o próprio nome indica, os Novos Baianos fizeram da canção popular um artefato pós-tropicalista, um "liquidificador sonoro em que se trituram múltiplas linguagens musicais [...] [um] enlace entre o internacional e o regional, um lance típico de cosmopolitismo" (PARANHOS, 2004, p. 25). O grupo, mais uma banda de apoio (A Cor do Som, que depois ganhou identidade própria), trabalhava tanto com composições próprias, quanto com a releitura de clássicos do cancioneiro popular, misturando a sonoridade regional – especialmente o "pau elétrico" e vários instrumentos de percussão – e a universal, muito demarcada, por exemplo, pela guitarra de Pepeu Gomes. O canto em conjunto e o multi-instrumentismo traduziam a concepção de (re)criação coletiva, que refletia também um estilo de vida. O seu segundo LP, *Acabou chorare* (1972), que tinha influência declarada de João Gilberto, teve amplo sucesso de crítica e público, sendo ainda hoje considerado uma referência nacional.

Deve-se pensar na MPB dos anos 1970, ainda, por meio de algumas outras categorias musicais. Havia, por exemplo, a "tendência nordestina", que se constituiu a partir de algumas carreiras de artistas cearenses como Fagner, Ednardo e Belchior. Também os artistas ligados ao pop rock, como Rita Lee (desligada d'Os Mutantes em 1972) e Raul Seixas, que assumiu a figura do "maluco beleza" a partir de 1973.

> Procure assistir, no YouTube ou em outras fontes de pesquisa, vídeos de época com as seguintes interpretações: Raul Seixas, em "Maluco beleza" (1973); Martinho da Vila, em "Você não passa de uma mulher" (1976); Arrigo Barnabé, em "Infortúnio" (1979); e Elis Regina, em "Como nossos pais" (1976). Em seguida, reflita sobre as suas impressões relativas às canções que viu e ouviu: os sentimentos que elas suscitaram; a aproximação/distanciamento entre cada uma delas e as canções que você tem o hábito de escutar/assistir hoje. Analise, ainda: desse conjunto, qual(is) canção(ões) foram incorporadas pela indústria fonográfica? Qual(is) delas sobreviveu(ram) no cenário da canção popular brasileira?

Os "malditos" – no Rio de Janeiro, Sérgio Sampaio, Waly Salomão, Jards Macalé e Luiz Melodia; em São Paulo, Itamar Assumpção e Arrigo Barnabé, da chamada "vanguarda paulista" – incorporaram boa parte das propostas do Tropicalismo, inclusive nas performances de palco, e "produziram uma música que combinava um certo *ethos* contracultural [...] com um tom de desespero e asfixia" (NAVES, 2010, p. 118). Também na "vanguarda paulista", uma outra tendência, o Grupo Rumo – do qual Luiz Tatit é um dos fundadores – "explorou de forma criativa o potencial musical contido nos ritmos e nas modulações da fala brasileira" (NAVES, 2010, p. 120), produzindo canções quase-faladas. Começava a ganhar corpo, aí, um mercado de música independente, a par do (e em reação ao) crescimento da indústria fonográfica e do domínio das *majors*. No final da década, a moda da discoteca foi ainda um elemento importante na diversidade da canção popular brasileira, inclusive porque fomentou o diálogo com outros ritmos internacionais, como a *dance music* americana. As Frenéticas foram a grande expressão desse gênero, contando com a produção musical de Nelson Motta, também compositor de alguns dos grandes sucessos da banda, que tratavam de novas formas de viver o feminino, como "Perigosa" – "Eu sei que eu sou bonita e gostosa/E sei que você me olha e me quer".

Nos anos 1970, a MPB viveu um processo de diversificação de gêneros, timbres e temas que reduziu o peso da tendência nacional-popular. Entretanto, constituiu-se uma certa hierarquização de gostos no segmento, garantindo-lhe um lugar privilegiado no universo cancional, inclusive em função de seu papel político. Esse foi o lugar por excelência de constituição de uma "rede de recados" contra a Ditadura Militar na canção popular. Entre 1969 e 1974, nas "canções dos anos de chumbo", os recados eram mais relacionados à sublimação da experiência do medo e do silêncio. Entre 1975 e 1982, nas "canções de abertura", expressavam, mais frequentemente, o desejo e a experiência iminente de liberdade (NAPOLITANO, 2010, p. 392-393). Se, na primeira metade da década, a MPB perdeu o seu posto de *mainstream*, dividindo a cena com outras tendências, durante o processo de abertura política recuperou seu protagonismo no campo de produção cancional (observe-se: no campo de produção, não no de recepção, visto que o público consumidor da MPB não era majoritário no mercado fonográfico).

Embora o samba tivesse sido incorporado como gênero à MPB já na década anterior, Napolitano (2002) faz duas considerações a respeito de seu perfil diferenciado nos anos 1970. Primeiro, a manutenção de certa independência do gênero, mais ligado ao gosto popular do que a média da MPB, cujo público principal eram as camadas médias intelectualizadas. Destacam-se, na esfera do samba, nomes como Martinho da Vila (um dos artistas de maior vendagem de discos nessa década), Beth Cardoso, Paulinho da Viola, e a reinterpretação de clássicos, como Adoniran Barbosa, Lupicínio Rodrigues Nelson Cavaquinho e Cartola – os dois últimos gravando seus primeiros discos-solo pelo selo Marcus Pereira. O autor menciona, ainda, a existência de uma hierarquia do gosto, tal como se observava no mercado fonográfico como um todo, na esfera do samba. O chamado "sambão-joia", produzido por nomes como Luiz Ayrão e Benito di Paula, era desqualificado em relação do "samba original".

Foi também nessa década que a soul music foi introduzida no Brasil, e aqui transformada, também em diálogo com a MPB. Os nomes mais frequentemente associados ao gênero são Jorge Ben Jor (que usava, nessa época, o nome artístico de Jorge Ben) e Tim Maia. Este último, que já havia passeado pelo rock, foi o precursor da maneira de cantar, bem como dos arranjos orquestrados e os coros próprios do soul, ainda em 1970, com o sucesso "Primavera", composta por Cassiano e Sílvio Rochael. Jorge Ben Jor estava presente no cenário musical desde os anos 1960 – inclusive com canções consideradas ufanistas, como "País tropical" (sucesso na voz de Wilson Simonal) e "Brasil, eu fico" – e já trazia a temática negra à pauta com frequência. Na década seguinte, começou a usar a orquestração e a ideia do "orgulho negro", até abraçar o gênero definitivamente, no final dos anos 1970.

Em outubro do mesmo ano em que estourou a "Primavera" de Tim Maia, dois intérpretes negros e ligados à black music, Toni Tornado e Erlon Chaves, foram destaques no Festival Internacional da Canção (FIC). Nesse contexto do início dos anos 1970, nomes já consagrados passaram a dialogar com o gênero – como foi o caso de Marcos Valle, que compôs a famosa canção "Black is beautiful", em 1971. Além disso, surgiram outros artistas e grupos seguindo a proposta soul e aproximando-se, também, da sonoridade do funk, como Grupo Abolição, a Banda Black Rio e Gerson King Combo – cujo trabalho tinha uma sonoridade muito próxima da de James Brown e que, por isso, é muito associado às origens do funk no Brasil.

> Constituídos preferencialmente por músicos que professavam a ideologia dos movimentos de afirmação da cultura negra, esses grupos orientavam-se pelo lema *black is beautiful* e pelas interpretações virtuosísticas de cantores norte-americanos [...]. Essas formações musicais eram responsáveis pela realização dos bailes funk que reuniam milhares de pessoas em clubes, como o Renascença, no bairro carioca Andaraí, e quadras de subúrbios (NAVES, 2010, p. 128).

Com esse conjunto de artistas, uma outra forma de engajamento apareceu na canção popular brasileira: a sua intrínseca relação com a conformação de identidades, dessa vez não ligadas à nação – como no caso da tendência nacional-popular –, mas a comunidades. Num primeiro momento, aliás, a soul music no Brasil foi considerada alienante, por críticos que viam ali apenas a importação de aspectos da cultura musical estadunidense, que roubavam a "autenticidade" da canção brasileira. No entanto, mais do que a mensagem de letra/melodia, tão valorizada na canção engajada nacional-popular, e da própria musicalidade, a "atitude" negra era uma forma de engajamento na canção soul: o cabelo *black power*, a coreografia de movimentos sincronizados e a indumentária característica eram elementos constitutivos de uma identidade negra (ver NAVES, 2010, p. 129).

> Escute as seguintes gravações: Novos baianos (1972), em "Samba da minha terra" (de Dorival Caymmi); Tim Maia, em "Primavera" (1970); Paulinho da Viola, em "Foi um rio que passou em minha vida" (1970); Jards Macalé, em "Mal secreto" (1972); e Milton Nascimento, em "Para Lennon e McCartney" (1970). Reflita sobre suas semelhanças e diferenças no que se refere a temas abordados, gêneros musicais, arranjo e performance vocal dos intérpretes. A partir delas, reflita sobre a diversidade de sonoridades e temas que compunham a esfera da MPB durante os anos 1970 e sobre os valores circulantes naquela sociedade.

A diversificação dos gêneros aponta para a heterogeneidade da forma da canção popular na década de 1970, bem como da ampliação de público, beneficiada pelo crescimento da indústria fonográfica. Novos timbres e temas, tanto regionais quanto universais, foram incorporados, mesmo por cancionistas que já tinham uma carreira assentada. A proposta tropicalista de pluralidade foi assimilada, perdendo os ares de estranheza de quando surgiu e transformando-se em uma espécie de tendência do conjunto, dada a diversidade do universo de produções que compunha o universo cancional da década. Segundo Tatit, "uma das formas de compreensão dos anos 70 é vê-los como fase de distensão, desdobramento e reacomodação dos impactos criados no famoso decênio" (TATIT, 2002, p. 227), consolidando a canção popular brasileira moderna. Foi nesse momento de "ampliação da MPB" que a sigla passou a parecer capaz de designar todo tipo de canção popular feita no país – embora não seja assim, como já se analisou.

Rock nacional, rap e funk

Na década seguinte, o movimento musical de maior destaque na produção de canções populares, no âmbito da indústria fonográfica, foi o chamado "rock nacional". O gênero rock, como já se demarcou, não começou a ser produzido no Brasil nesse momento. Embora tenha conquistado grande público com a Jovem Guarda, tem suas origens na década de 1950, com a produção de Celly e Tony Campello. Consolidou-se no universo da canção popular nacional após a Tropicália e nos anos 1970. Por que, então, a geração de cancionistas dos anos 1980 ficou conhecida como a do rock nacional?

Um primeiro olhar destacaria o número de grupos de rock que surgiram nesse momento e ganharam boa fatia do mercado, sendo incorporados pela indústria fonográfica. Entretanto, essa não é uma explicação suficiente. Além disso, como aponta Naves (2010), esses grupos fizeram um rock marcado por algumas características: a irreverência com relação às gerações anteriores – tanto do rock "progressivo" da década anterior, quanto da MPB –, a simplicidade e a coloquialidade, próprias do "rock pós-punk e *new wave*".

> A categoria "simplicidade" adquiriu no novo rock brasileiro um sentido diferente do que tinha na bossa nova. [...] no caso do despertar dos roqueiros dos anos 80, a simplicidade tinha a ver com a atitude punk de valorizar o precário e improvisado, uma vez que muitos dos músicos não tinham ainda competência técnica como instrumentistas. A ideia era aproximar-se do "público jovem", enfatizando uma poética simples, valorizando "mensagens" diretas e o "pulso", mais do que melodia e harmonia, reduzida aos dois ou três acordes básicos de rock. Nesse discurso, pobreza formal é um valor positivo e não uma deficiência (NAVES, 2010, p. 104).

Segundo Ribeiro (*apud* NAVES), em meados da década, por ocasião dos festivais Rock *in Rio*, houve uma divisão entre os roqueiros.

Alguns grupos deixaram a tal simplicidade e começaram a sofisticar-se musicalmente, apostando no discurso da "necessidade de evolução". De um lado, com uma estética estritamente roqueira, ficaram grupos como João Penca & Seus Miquinhos Amestrados, Ultraje a Rigor e Camisa de Vênus. Do outro, aproximando-se da MPB e trazendo para ela mais contribuições de diferentes músicas e tradições culturais, estabeleceram-se no cenário grupos e artistas como Legião Urbana (e Renato Russo em posterior carreira solo), Barão Vermelho (e Cazuza, idem), Os Paralamas do Sucesso, Titãs e outros.

Esses grupos e artistas apostaram na "evolução" e acabaram legitimando-se como produtores de canções populares – mesmo os mais fiéis ao gênero rock –, usando, de forma aguda, recursos críticos. Por exemplo, Ribeiro e Naves mencionam o uso frequente de citações musicais e cinematográficas, que, como já se mencionou, era algo comum na canção popular brasileira. No caso desses grupos, tais referências vieram acompanhadas de uma postura crítica tanto com relação aos artistas que tinham obsessão pela ruptura, as vanguardas, quanto àqueles que rechaçavam o diálogo com a cultura de massas.

Tatit (2002) faz uma consideração importante sobre o rock nacional desse momento: era um gênero de grande eficácia comercial, que foi habilmente abarcado pela indústria fonográfica e tomou conta das rádios FMs em um momento difícil, que durava desde a crise do petróleo (1973) e se estendeu até o início da década de 1990. O autor destaca, ainda, o fato de que muitas bandas aliaram à dicção própria do rock a oralidade coloquial brasileira, característica da canção popular. Na banda Blitz, essa oralidade era muito demarcada; mas também o faziam "Barão Vermelho, com o canto falado de Cazuza, os Titãs, com motes lançados em forma de palavras de ordem e Legião Urbana, com extensas narrativas contadas por Renato Russo" (TATIT, 2002, p. 63).

Também a partir da década de 1980 cresceu uma outra tendência da chamada música negra, o rap. Assim como o soul, intimamente ligado à constituição da identidade negra e vinculado ao movimento social negro, ele trazia ainda duas características específicas. A primeira delas, marcada muito mais por tons de denúncia de uma realidade social de exclusão. Além disso, em termos de estrutura musical, o rap rompe com uma das características essenciais da canção popular brasileira, qual seja, o casamento harmonioso entre letra e melodia. Muito mais "falado" do que cantado, é um formato diferente, que, ao consolidar-se, chegou a colocar em dúvida a permanência da canção popular como categoria musical predominante. O gênero cresceu nas décadas seguintes, e, embora tenha começado à margem e na condição de música independente, hoje em dia já foi bastante assimilado pelo mercado.

> Escute as gravações de dois rocks: "Vital e sua moto" (1983), de Os Paralamas do Sucesso, e "Eu não matei Joanna D'Arc" (1985), do Camisa de Vênus. Depois, dois raps: "Tempos difíceis" (1988), dos Racionais MC's, e "Tô feliz – matei o presidente" (1992), de Gabriel, o Pensador. Analise, comparativamente, os dois rocks e os dois raps. Observe as características semelhantes que eles apresentam, especialmente as relacionadas a timbres (instrumentos) e à forma de cantar. Comparando os rocks com os raps, avalie: porque esses últimos não costumam ser considerados "canções"?

Pode-se falar em duas tendências de rap no Brasil, entre os anos 1980 e 1990. A primeira, mais visceralmente vinculada ao hip-hop, traz para a cena sujeitos à margem da sociedade. Sua arte denuncia a desigualdade social e a realidade de exclusão em que vivem, e a música é compreendida como uma forma de luta, como um instrumento de elucidação. Enquadra-se aí, por exemplo, o grupo Racionais MC's, cuja origem o historiador Arnaldo Contier relata:

> Em agosto de 1989, foi criado o MH2OSP (Movimento Hip Hop Organizado), por iniciativa de Milton Salles, sócio do grupo Racionais MC's (até 1995). O MH2OSP organizou esse movimento no Brasil, definindo as posses, as gangues e as suas respectivas atribuições. E, fundamentalmente, estruturou e organizou grupos de rap oriundos de facções que dançavam o break. Agora, o objetivo do movimento hip hop, tendo o rap como o ponto nodal incidia em transformar o MH2O num movimento de música de protesto e de combate social. (CONTIER, 2005, p. 3).

A segunda tendência do rap, especialmente no início dos anos 1990, foi a mais diretamente ligada à indústria fonográfica. Em movimento semelhante ao que aconteceu com o samba nos anos 1930, o rap ganhou um público amplo e chegou às FMs, inclusive por meio da ação de mediadores culturais que, mesmo não pertencendo, originalmente, ao grupo no qual esse gênero nasceu, passaram a usá-lo como forma de expressão. Esse foi o caso de Gabriel, o Pensador, que estourou no início da década de 1990, com raps que criticavam a forma de vida da classe média e o cenário político nacional.

No final da década de 1980, outro ritmo identificado com a cultura negra, o funk, começou a se modificar, especialmente no Rio de Janeiro. Aproximando-se de um novo ritmo da Flórida, o Miami bass, que trazia músicas mais erotizadas e batidas mais rápidas, afastou-se um pouco da soul music, em termos musicais e políticos.

Há uma tendência em distinguir o funk de 1970/1980 do que passou a ser produzido nos anos 1990. Em termos rítmicos, o gênero aproximou-se da discoteca, do charm e até mesmo das marchinhas – por exemplo, nas composições da dupla Claudinho e Bochecha. Em termos temáticos, nos anos 1980 e 1990, a violência urbana, o tráfico e a vida nos morros passaram a dominar o gênero. Nesse contexto, cresceu muito também a violência nos bailes funk, o que fomentou o medo social com relação ao gênero.

A partir do final do século XX, parte da produção do gênero foi completamente absorvida pela indústria fonográfica, desvinculando-se muito das questões da identidade negra. Nesse conjunto, as temáticas centrais das músicas, especialmente as cariocas, passaram a girar em torno do sexo e do erotismo, e destacam-se MCs como Tati Quebra-Barraco e Bonde do Tigrão, entre outros. Essa tendência, muito conhecida também como "batidão", assim como parte da produção do rap, tem um formato musical em que o casamento entre melodia e letra não segue os padrões da canção – o que tem fomentado os debates sobre o possível fim do "formato canção", ou, ao menos, a possibilidade de ele deixar de ser hegemônico no mercado fonográfico dentro em breve.

A ampla diversificação do mercado cancional brasileiro

Também entre as décadas de 1980 e 1990, três gêneros bem populares passaram a ocupar boa parte do mercado fonográfico. "Pois foi esse trio de gêneros – sertanejo, axé e pagode – que mais nitidamente se apoderou do mercado de discos, gerando na sociedade global um misto de alegria e mal estar" (TATIT, 2002, p. 235). Mal-estar, porque fugiam ao gosto do que o autor chama de "elite popular", o público ouvinte de MPB e outros gêneros considerados de "bom gosto" no universo cancional. Esse trio açambarcou, inclusive, parte do mercado antes ocupado pela música estrangeira, e não chegou a ser, até a década de 1990, ao menos, concorrente efetivo dos outros gêneros de canção popular mais ligados ao público das camadas médias, dado o grau de segmentação do mercado a essa altura. Com esses três gêneros, o mercado cancional definia-se primordialmente pelo critério do consumo, e os artistas eram tratados, pelas empresas, em grande medida, como peças substituíveis.

O autor considera que os produtores da indústria fonográfica identificaram a necessidade de produções de caráter mais passional no cenário cancional de final do século XX. Inicialmente prestigiados nas faixas AMs do rádio, mas rapidamente galgando as FMs, artistas que buscavam inspiração na música caipira dos interiores de Minas Gerais, São Paulo e da região Centro-Oeste trouxeram temas e atualizaram arranjos rurais para a lógica urbana. A forma de cantar tradicional das duplas, em intervalos de terças e vocalizações longas e guturais, manteve-se; entretanto, o acompanhamento típico da viola deu lugar a instrumentos e recursos técnicos modernos e próprios dos grandes circuitos de rádio e televisão. Foi o momento de surgimento de fenômenos de venda como Chitãozinho e Xororó e Zezé de Camargo e Luciano. "O êxito foi maior do que o esperado e a prática inédita de promover nacionalmente gêneros de sucesso local foi então incorporada pelas empresas e aplicada a outros segmentos da canção" (TATIT, 2002, p. 106).

Foi o caso do axé, gênero que veio cumprir a função de atualizar o carnaval de rua, que passou a se realizar com mais frequência em regiões do Nordeste. O sucesso de artistas locais já era uma realidade, e as empresas apostaram em sua ampliação para o território nacional, em temporadas extracarnaval. O ritmo dançante e vivo era também adequado para a produção de videoclipes, que começavam a ganhar espaço nos meios de comunicação de massa. Além disso, o gênero era condizente com uma imagem de "brasilidade" apropriada para o consumo (inclusive no exterior), vibrante, colorida, dançante e percussiva. Foi o momento de surgimento de carreiras individuais de sucesso nacional e internacional, dentre as quais se destaca a de Daniela Mercury, e as de muitas bandas, como Cheiro de Amor e Eva.

> Escute as seguintes canções: "O canto da cidade", com Daniela Mercury (1992); "Desculpe, mas eu vou chorar", com Leandro e Leonardo (1991); e "Tanajura", com Negritude Junior (1999). Observe as diferenças de timbres (instrumentos) que são marcantes em cada gênero, bem como a forma como eles se relacionam com as temáticas tratadas na letra. Observe, ainda, uma característica semelhante entre elas, própria do "formato comercial" que marcou esses gêneros e sua absorção pela indústria fonográfica: a existência de um refrão forte e de fácil assimilação pelo público. Compare-as, buscando outras diferenças e semelhanças entre os gêneros e essas gravações.

Também na linha dançante, de industrialização de ritmos já considerados nacionais, popularizaram-se os grupos de pagode. Esse gênero foi uma espécie de herdeiro do "sambão-joia" dos anos 1970, com uma divisão mais simples, cantado em uníssono por um grupo. Tatit considera que ele tinha semelhanças com o axé (o formato dançante) e com o sertanejo (a forma de cantar com frases alongadas e entonação passional).

Os cancionistas e compositores clássicos da canção popular brasileira permaneceram com um público fiel e de grande legitimidade na indústria fonográfica. Além disso, na década de 1990, surgiram na cena artística vários nomes – indivíduos e grupos – que se estabeleceram em diálogo com a MPB mais tradicional, inovando sem receios e em diálogo com todo tipo de tradição: o movimento Manguebeat, Chico César, Marisa Monte, Adriana Calcanhoto, Skank, Los Hermanos, entre outros. "Ao invés do revezamento das dicções na linearidade do tempo [um gênero sucedendo ao outro], o mundo cancional abriu-se a uma concomitância de gêneros e estilos que deu aos noventa uma identidade toda especial" (TATIT, 2002, p. 109).

O século XXI: para onde vai a canção popular brasileira?

Especialmente no início do século XXI, com a disseminação da tecnologia da informação e das mídias digitais, as canções regionais recobravam sua força, um dos paradoxos da globalização. Ademais, a ampliação de capacidade de armazenamento dos suportes tecnológicos de dados, a disseminação das tecnologias e o crescimento do acesso à internet tiveram um grave efeito sobre a indústria fonográfica. Por um lado, aumentou significativamente a prática da pirataria, ameaçando reduzir o lucro das empresas e dos artistas com a vendagem de produtos (CDs e DVDs); por outro, o mercado independente de música cresceu muito, possibilitando aos cancionistas e intérpretes maior autonomia com relação às gravadoras e distribuidoras.

Os artistas passaram a ter a possibilidade de gravar suas canções em estúdios menores, às vezes caseiros, e divulgá-las em ambiente virtual, com resultado, por vezes supreendentes. Alguns casos podem ser destacados no cenário atual. Um deles, a trajetória da cancionista Mallu Magalhães, que, aos 16 anos, tornou-se um fenômeno da internet divulgando suas primeiras canções no site My Space, e emplacou carreira com contrato junto à Sony. Ou Móveis Coloniais de Acaju, uma das bandas que administra a venda de seus produtos (que incluem faixas isoladas das canções, prática hoje comum, inclusive como estratégia para lidar com a pirataria) por um *site* próprio, organiza seu festival e administra seus shows e turnês. Ou, ainda, o caso da Trama Virtual, plataforma pioneira para divulgação, comercialização e disponibilização gratuita de canções populares do campo da música independente brasileira.

Se os noventa tiveram uma identidade especial em função da concomitância de gêneros, como definiu Tatit, o universo cancional vem se definindo, no início do século XXI, como um lugar de identidades plurais em franca produção.

> Tudo é possível no mundo de hoje, não regido pelas polaridades que fundamentaram o discurso moderno, em termos disso ou daquilo. [...] Em meio à diversidade de gêneros, subgêneros ou mesmo sonoridades inclassificáveis que se criam atualmente, há espaço para o cancionista. Esse espaço, no entanto, é multifacetado e não se pode dizer que exista um modelo de canção que centralize a audiência, como ocorria algumas décadas atrás (NAVES, 2010, p. 141).

Os debates sobre o possível fim do "formato canção", diante da pluralidade, estão em alta. Assim como a canção, ela mesma. A diversidade é tanta, que as projeções (algo delicado em História, a qualquer tempo) tornam-se algo ainda mais perigoso.

A resposta de Luiz Tatit a essa questão, que lhe é apresentada com frequência – seja na condição de professor de Semiótica e pesquisador da canção popular brasileira, seja na de cancionista –, é peremptória: a canção é uma forma de expressão do homem tão antiga quanto a sua própria existência. Ela se transforma, mas não acaba, porque relaciona-se com a entoação cotidiana, com as melodias da fala, com as expressões dos afetos mais corriqueiros.

Na condição de cancionista, em seu último álbum, *Sem destino*, apresentou uma metáfora sobre esse debate: "Quando a canção acabar". Em entrevista, por ocasião do lançamento desse CD, Tatit reafirmou: "Não existe a menor possibilidade de a canção acabar. O que modifica são os meios de divulgação, a maneira de compor, o jeito de lidar com a canção. Mas, enquanto houver alguém falando, a canção sai. Não daria nem para ninar uma criança se a canção acabasse" (TATIT *apud* PRETO, 2010).[6]

---

[6] <http://sergyovitro.blogspot.com.br/2010/04/luiz-tatit-refuta-o-fim-da-cancao-em.htm>.

QUANDO A CANÇÃO ACABAR
Luiz Tatit (2010)

Jacimara
A rainha da farra
Pra ela o verão
É tocar a guitarra
Parece a cigarra
Nasceu pra cantar
Sua vida
É um eterno presente
Pois canta o que sente
E não pensa na frente
Se o tempo anda quente
Sua voz vai soar
Nem precisa chamar
Já tá aqui pra cantar
Jacimara é pra já

Quando a mãe natureza
Vai se expressar
Quando é neste momento
E neste lugar
Já se ouve seu som
Já se sabe que é bom
Jacimara já é
Um luau
Assim natural
Já é

Jaqueline
Compõe noite e dia
São tantas cantigas
Que às vezes intriga
Parece a formiga
Só quer trabalhar
Sua vida
É um cuidado eterno
Pois passa o verão
A compor pro inverno
E guarda as canções
Pra se um dia faltar
Quando o inverno chegar
Quando a canção acabar
Jaqueline virá

E se toda a cultura
Periclitar
E se o canto mais simples
Silenciar
É sublime encontrar
Quem se anime a cantar
Jaqueline fará
Seu sarau
Será o final
Será?

De fato, a canção acabar, como forma de expressão humana, é algo praticamente impossível. Mas questões históricas permanecem bastante pertinentes no debate contemporâneo. Por exemplo: será que a canção popular brasileira, no(s) formato(s) em que se consagrou ao longo do século XX, ainda será protagonista da produção cultural musical e do mercado fonográfico por muito tempo?

PARTE 3

A CANÇÃO POPULAR BRASILEIRA E O ENSINO DE HISTÓRIA

Na Introdução deste livro, foram apresentadas algumas reflexões teórico-metodológicas sobre a abordagem da canção popular brasileira como fonte histórica (documento) no ensino de História. Nesta sessão, apresentam-se reflexões sobre uma abordagem pedagógica que siga essa direção.

Circe Bittencourt considera que há, basicamente, dois tipos de material didático: os *suportes informativos* e os *documentos*. Os suportes informativos têm enfoque pedagógico explícito e correspondem a todo discurso, veiculado em qualquer suporte, "produzido com a intenção de comunicar elementos do saber das disciplinas escolares" (BITTENCOURT, 2004, p. 296). Já os documentos dizem respeito aos discursos que não são originalmente produzidos na perspectiva dos saberes escolares, mas que no ato educativo são apropriados com finalidade didática. Nessa perspectiva, a canção popular brasileira, no contexto das práticas de ensino de História, deve ser considerada um documento.[7]

O documento é portador de uma *narrativa histórica*, no sentido de que informa sobre determinado(s) contexto(s), por meio

---

[7] Neste capítulo, o termo adotado será "documentos", em consonância com a proposta de Circe Bittencourt (2004).

da construção e da veiculação de representações sociais.⁸ Pode-se pensá-lo como uma entidade composta por diferentes dimensões – elementos que constituem a sua totalidade e que, embora possam ser observados em suas especificidades, só em conjunto constroem a identidade do documento.

Quando um professor seleciona determinado documento para compor seu planejamento didático, apresentando-o aos alunos, é fundamental que analise suas várias dimensões. Pode utilizar-se do que informam as diferentes dimensões de um documento para identificar algumas "chaves de interpretação" histórica. Identificando-as, pode desenvolver estratégias e instrumentos didáticos que permitam aos estudantes interagir melhor com a narrativa histórica, de maneira que eles o compreendam como produto de uma dada cultura e um dado contexto histórico.

Esse pode ser um caminho para atuar como mediador do processo de construção das capacidades cognitivas que darão aos alunos autonomia para realizar uma "leitura histórica de mundo" e "pensar historicamente", em outras palavras, "beneficiar-se das características do raciocínio da ciência histórica para pensar a vida prática" (CERRI, 2011, p. 61).

Uma proposta de tratamento didático dos documentos no ensino de História

Visando a auxiliar a realização de um planejamento didático nesses termos, destacam-se cinco dimensões do documento⁹: material; descritiva; explicativa; dialógica; e sensível.

---

[8] O conceito de representações sociais foi trabalhado na Introdução deste livro.

[9] Uma primeira versão dessas reflexões acerca da narrativa histórica e seus desdobramentos relativos a uma abordagem publicada em um caderno de formação de professores elaborado para a Prefeitura Municipal de Cachoeiro de Itapemirim, escrito em coautoria com Adalson de Oliveira Nascimento e com contribuições de Mateus Henrique de Faria Pereira (HERMETO; NASCIMENTO, 2006). A eles deve ser atribuído o crédito dessa elaboração inicial, e a gratidão pela parceria profícua, com a ressalva de que a atual versão é de responsabilidade da autora deste livro.

Dimensões do documento: material, sensível, dialógica, explicativa, descritiva

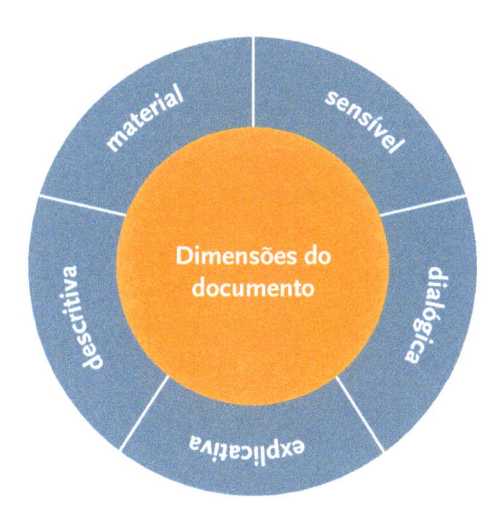

Sugere-se, para uma prática pedagógica assentada em estratégias de leitura e escrita da narrativa histórica, que, em cada *sequência de ensino* (conceito que será apresentado a seguir), busque-se trabalhar com documentos de tipos diferentes. Sugere-se, também, que o professor proponha a análise individualizada e vertical de cada material, além de propor estudos comparativos entre eles. Finalmente, salienta-se a importância de elaborar atividades baseadas em estratégias de leitura e escrita da narrativa histórica.

Assim, para cada documento, sugere-se utilizar estratégias didáticas que operem com cada uma das suas dimensões, visando a levar os alunos a desenvolverem diferentes capacidades de leitura histórica.

Nas páginas a seguir, apresentam-se, para cada uma dessas dimensões, algumas considerações a respeito de: 1) as especificidades de cada uma delas (em azul); 2) o que significa pensar em cada uma delas na canção popular brasileira (em azul escuro); 3) as capacidades cognitivas cujo desenvolvimento elas favorecem (em laranja).

Nessas considerações, todos os documentos serão nomeados como "textos", no sentido de transmissão de uma "mensagem", independente do formato em que se apresentem (canção, filme, fotografia, imagem). Da mesma forma, será tratado como "leitor" aquele que está em contato com o texto (seja ele leitor, espectador, ouvinte, etc.). Unifica-se, assim, o vocabulário, tornando mais direta a redação e mais ágil a fruição da leitura.

DIMENSÃO MATERIAL

Refere-se à relação entre o *suporte* em que se encontra a narrativa histórica com a qual se pretende trabalhar e o tipo de *linguagem* em que ela se encontra. Isso é fundamental, porque os suportes condicionam o uso de determinadas linguagens, que, por sua vez, têm implicações do ponto de vista da mensagem transmitida. A percepção dessa relação – suporte/linguagem/narrativa – pode auxiliar o professor a construir estratégias que favoreçam os alunos a explorarem as especificidades de cada linguagem, bem como a analisarem como, em cada documento, tais especificidades são utilizadas para construir uma dada mensagem.

• Compreender como o autor utiliza as especificidades do suporte em que o documento se encontra para comunicar suas ideias;

• Utilizar os recursos da fonte adequadamente, a fim de comunicar suas próprias ideias sobre história.

A canção popular brasileira pode estar em diferentes suportes, como foi discutido na Parte 1 deste livro. De qualquer forma, há que se considerar os elementos básicos da linguagem cancional: a relação entre melodia/letra/ritmo (também discutida anteriormente). Mas cada suporte pode dar outras informações sobre a forma como a linguagem cancional se expressa no documento analisado. Por exemplo, os fonogramas que circularam originalmente em discos de 78 rotações tinham uma qualidade de gravação (e uma captura de som) muito inferior aos atuais, gravados em estúdios atuais, com tecnologia muito mais avançada. Ou, ainda, canções que circulam em videoclipes trazem, junto da relação básica melodia/letra/ritmo, a imagem em movimento. Imagens que recriam e reinterpretam as representações da canção, e que passam a compor a mensagem para o leitor.

DIMENSÃO DESCRITIVA

Refere-se ao *tema e o objeto* da narrativa propriamente ditos. Analisar essa dimensão implica identificar a temática principal e as secundárias, a ela correlatas, bem como identificar os elementos que permitem fazer uma leitura histórica da narrativa, a partir de seus componentes textuais explícitos: quais os acontecimentos ali descritos; quais os sujeitos da ação; qual (ou quais) o tempo em que ela se passa; onde ela ocorreu; quais as permanências e as transformações das ações na duração temporal em que se passa a narrativa. A compreensão dessa dimensão pode auxiliar o professor a construir estratégias que favoreçam os alunos a compreenderem que, em uma narrativa qualquer, há alguns elementos básicos que auxiliam o leitor a compreender sua historicidade, referentes à forma como a "ação dos homens no tempo" está ali descrita, literalmente.

- Identificar qual é o tema do texto, a que fatos ou processos históricos se refere;
- Identificar quem são os sujeitos da ação;
- Identificar o tempo em que a ação se passou;
- Discorrer sobre como se relacionam esses elementos básicos na narrativa histórica em questão.

No que se refere à canção popular brasileira, uma análise didática da dimensão descritiva implica refletir sobre a composição básica letra/melodia, identificando os elementos que compõem a narrativa propriamente dita. Em termos poéticos, deve-se buscar identificar quem é o narrador, o tema do qual ele trata, a estrutura básica do texto (versos, refrão, etc.). Em termos melódicos, deve-se identificar: gênero musical, ritmo, instrumentos que compõem o arranjo.

DIMENSÃO EXPLICATIVA

Refere-se à *abordagem do tema* em uma narrativa, à *versão construída sobre o objeto*. A análise dessa dimensão visa à percepção de que existem conceitos e métodos de pesquisa relacionados a tema/objeto e que eles delimitam a forma como se constrói a interpretação. Relaciona-se, ainda, à percepção de que existe de um lugar social de produção da narrativa: alguém que escreve, em relação com seu contexto, e cria uma dada interpretação para o tema; alguém que lê e o interpreta, de acordo com a sua inserção numa rede de relações sociais e de poder. Observar essa dimensão do documento pode auxiliar a construir estratégias que favoreçam os alunos a ampliarem a noção de historicidade da narrativa, identificando elementos que a compõem implicitamente e que também explicam como "a ação dos homens no tempo" está ali descrita. A dimensão descritiva não é suficiente para compreender o que é narrado, visto que é preciso aperceber-se da interpretação que lhe é dada.

- Compreender qual é o lugar social de produção do texto (autor, contexto e procedimentos metodológicos envolvidos na produção);
- Entender qual é a versão histórica apresentada para o tema;
- Criar explicações para o tema, utilizando corretamente conceitos históricos.

Uma análise didática da dimensão explicativa da canção popular brasileira implica refletir, fundamentalmente, sobre como ela se insere no circuito de comunicações, relacionando diferentes elementos entre si: quem é o sujeito social que a produziu e como ele é percebido na sociedade; como canção circulou e foi recebida em diferentes tempos; como a veiculação da canção interfere na criação de uma representação social sobre o tema da narrativa (dada na junção melodia/letra).

DIMENSÃO DIALÓGICA

Trata-se das *referências* (de pesquisa e culturais) com as quais o texto dialoga e a partir das quais foi construída a narrativa. O exame dessa dimensão pode facilitar a percepção de que uma narrativa não se produz solitariamente, mas sempre em diálogo com outras – de seu próprio tempo e de tempos passados. Implica ainda pensar que o próprio conhecimento histórico é uma construção derivada de pesquisa e da investigação em outros documentos (fontes históricas) de diferentes naturezas, por meio da identificação dessas referências no texto – explícita ou implicitamente mencionadas no processo de construção da interpretação sobre ele. Esse exercício, em muitos casos, implica o conhecimento prévio dessas referências (ou dos elementos delas ali mencionados).

• Identificar que fontes históricas foram utilizadas na construção do texto;
• Identificar outras referências culturais utilizadas na construção da narrativa histórica em questão;
• Fazer o texto dialogar com **textos/fontes** de outra natureza.

Uma análise didática da dimensão dialógica da canção popular implica refletir sobre a intertextualidade que ela apresenta – característica marcante da canção popular brasileira. Que outros textos ela evoca e qual o sentido a eles atribuído na mensagem final? É preciso atentar para o fato de que, na canção, a intertextualidade é, muitas vezes, melódica, com citações de trechos de outras canções (mesmo sem a letra entoada).

DIMENSÃO SENSÍVEL[10]

Trata-se da identificação dos *sentimentos* e *afetos* que mobilizaram a produção e a recepção daquele texto, dando a perceber a história como um conjunto de ações que se produzem no seio das relações sociais, marcadas por interesses e paixões de sujeitos reais. Isso deve ser feito por meio da identificação dos elementos de expressão dos sentimentos e motivações explícitos na voz do(s) narrador(es) do texto, mas também dos silenciamentos e das manipulações produzidas no/pelo documento, visando a produzir determinados afetos (ou desafetos) no leitor.

- Identificar que tipo de sentimentos que se expressam na voz do narrador;
- Identificar que tipo de sentimentos que mobilizaram o autor do documento a produzi-lo;
- Identificar que tipo de sentimentos e sensações o documento pretende causar no seu público preferencial;
- Identificar que tipo de sentimentos e sensações pode causar em um público que tome contato com ela em diferentes contextos de "leitura".

A reflexão sobre a dimensão sensível da canção nas propostas tem implicações importantes, especialmente em função da natureza artística desse documento. A composição de uma canção sempre tem uma forte carga emocional e gera no ouvinte, via de regra, um impacto emocional. Esses elementos devem ser identificados, favorecendo a percepção dos alunos de que a história é produzida por sujeitos reais, implicados em relações sociais complexas.

---

[10] Esta é uma contribuição da colega Nara Rubia de Carvalho Cunha, que, em debate no Laboratório de Prática de Ensino do Departamento de História da Universidade Federal de Ouro Preto (LAPEH/DH/ICHS/UFOP), sugeriu que se pensasse nessa dimensão para uma abordagem didática.

Abordagens da canção popular brasileira na educação histórica escolar

Neste item, apresentam-se exemplos de planejamentos de ensino de História para o ensino médio que tomam a canção popular brasileira como objeto de estudos e/ou fonte histórica. Todos eles adotam como referência o que Aguiar Jr. (2005) chama de "sequência de ensino": "um conjunto organizado e coerente de atividades abrangendo um certo número de aulas, com conteúdos relacionados entre si" (AGUIAR JR., 2005, p. 24).

Aguiar Jr. propõe o planejamento de uma *sequência de ensino* em quatro categorias de atividades, cada uma com função específica no processo de ensino-aprendizagem, correspondendo às fases por que passa o sujeito ao interagir com um conhecimento "novo":

1) Problematização inicial:
Essa atividade tem uma função dupla no processo de ensino-aprendizagem: permitir ao professor identificar os conhecimentos prévios dos alunos acerca do tema que será estudado e sensibilizar os estudantes para o estudo do tema, intelectual e emocionalmente.

2) Desenvolvimento da narrativa do ensino:
Atividades desse tipo devem apresentar as elaborações da ciência de referência, devidamente reconstruídas no âmbito do saber escolar. Pode-se dizer que é o momento em que o aluno toma contato com a abordagem teórica que o professor escolheu para o tema, a partir de discursos científicos da disciplina.

3) Aplicação dos novos conhecimentos:
Esse tipo de atividade deve apresentar obstáculos cognitivos para os alunos, de forma que eles necessitem usar as referências teóricas estudadas nas atividades de "desenvolvimento da narrativa". Dessa forma, espera-se que os alunos possam *aplicar* os conhecimentos para *atribuir* relações entre o conteúdo e os problemas apresentados, solucionando-os.

4) Reflexão sobre o que foi apreendido:
Atividade de sistematização e síntese dos conteúdos estudados na sequência de ensino, que tem o objetivo central de promover uma "tomada de consciência" e formalizar os conhecimentos construídos.

Os planejamentos apresentados a seguir trazem sugestões de atividades das categorias descritas acima, compondo sequências de ensino organizadas para a educação histórica no ensino médio. Em comum, todas propõem operações didáticas com a canção popular brasileira.

Acredita-se que este conceito possibilitará uma melhor compreensão de como se pode trabalhar a canção popular brasileira como "fato social" no ensino de História, analisando-a a partir de parâmetros próprios da linguagem cancional. Um conjunto de atividades articuladas entre si poderá mostrar como será feita a problematização e a seleção dos conteúdos, a partir desses critérios.

Sequência de ensino 1

As representações do Nordeste em Luiz Gonzaga: um regionalismo universal

Nesta sequência de ensino, a canção popular brasileira será utilizada a um só tempo como objeto de estudos e fonte histórica. Partindo de uma análise das representações do Nordeste na obra de Luiz Gonzaga, pretende-se estimular a reflexão sobre uma questão fundamental para a formação dos estudantes para o exercício da cidadania: a conexão entre a produção e a veiculação de representações sociais sobre determinados sujeitos históricos e a construção de uma rede de relações de poder na sociedade.

Para isso, propõe-se analisar a trajetória artística de Luiz Gonzaga e a sua inserção no circuito de comunicações da canção popular brasileira, a fim de identificar as representações de Nordeste produzidas e veiculadas por sua obra, bem como as diferentes formas com que foram apropriadas por diferentes grupos da sociedade.

O problema histórico que embasa a sequência de ensino pode ser enunciado da seguinte maneira: por que as representações do Nordeste e dos nordestinos, produzidas na trajetória artística de Luiz Gonzaga, fizeram sucesso junto a diferentes grupos sociais, especialmente entre as décadas de 1940 e 1970?

Sequência de ensino: quadro panorâmico

O quadro abaixo apresenta a identificação sumária das atividades (documentos e estratégias didáticas planejadas para realizar o tratamento didático de cada um deles) da sequência de ensino. Em seguida, apresenta-se uma descrição mais minuciosa de cada atividade, com especial detalhamento daquelas que se referem diretamente à canção popular brasileira, além da transcrição/reprodução dos documentos cujo uso didático foi indicado.

Problematização	Desenvolvimento da narrativa	Aplicação de conhecimentos	Reflexão/ Síntese
Atividade 1: Produção de um quadro de representações sociais sobre a figura do "nordestino", oriundas de diferentes sujeitos históricos.	*Atividade 3:* Aula expositiva dialogada: Migrações de nordestinos para outras regiões: décadas de 1940 a 1960.	*Atividade 6:* Leitura de entrevista d'*O Pasquim*.	*Atividade 8:* Produção de um quadro de representações sociais sobre a figura de Luiz Gonzaga, oriundas de diferentes sujeitos históricos do Brasil da década de 1970.
Atividade 2: Leitura de texto historiográfico: os estereótipos e a construção de relações de poder.	*Atividade 4:* Audiência orientada da canção "Asa Branca".	*Atividade 7:* Análise de capas de álbuns de Luiz Gonzaga.	
	Atividade 5: Pesquisa individual: a trajetória de Luiz Gonzaga e a (re)invenção do baião na indústria fonográfica.		

Sequência de ensino: descrição das atividades

Problematização

Atividade 1: **Produção de um quadro de representações sociais**

Apresentar aos alunos um quadro de representações sociais sobre a profissão de professor, em um modelo que se tornou moda e tem sido amplamente veiculado nas redes sociais desde o final de 2011 (documento 1).

Documento 1

Quadro de representações sociais

O Professor, visto...

Pela família | Pelos pais de alunos | Pelo governo

Pela sociedade | Pelos alunos | Por ele mesmo

Solicite que eles façam um produto semelhante com o tema: "O nordestino visto...", buscando imagens que traduzam como eles são vistos: 1) pelos "sulistas"; 2) pelos "nortistas"; 3) por ele mesmo; 4) pelas novelas; 5) pelos humoristas; 6) pelo mercado de trabalho.

Oriente os alunos individualmente para a produção desse quadro sugerindo que utilizem a colagem como técnica para a produção das imagens. Ao analisar com eles as imagens que produziram, solicite que observem alguns dos elementos que permitem identificar a atribuição de valores às figuras representadas, tais como: tipo físico; expressão facial; vestuário; presença e caracterização de cenário; uso de palavras associadas às imagens; etc.

Por um lado, a produção desse quadro permitirá identificar as concepções prévias dos alunos sobre as representações sociais da figura do nordestino na sociedade brasileira. Por outro, auxiliará a identificar o quanto o próprio aluno acredita nos estereótipos sociais em voga, possibilitando problematizar as fronteiras entre as diferentes visões sobre um mesmo sujeito e as práticas discriminatórias no Brasil contemporâneo.

Após a discussão inicial sobre os quadros produzidos por todos os alunos, faça uma síntese sobre as representações do nordestino apresentadas pela turma: os estereótipos mais recorrentes; as suas associações com uma cultura regional; os preconceitos vigentes e como eles se relacionam com a posição social de quem "apresenta" o sujeito histórico; etc. Finalmente, explicite para os alunos como as representações por eles criadas se inserem em uma rede de relações de poder da sociedade brasileira, ligada às disputas (político-econômicas) entre as diferentes regiões brasileiras.

Atividade 2: **Leitura de texto historiográfico**

Oriente a leitura de um pequeno trecho de texto historiográfico (documento 2) cujo tema são os estereótipos sobre o Nordeste e o nordestino no Brasil, a partir de um estudo dirigido.

Documento 2

Durval Muniz de Albuquerque Júnior

O Nordeste e o nordestino miserável, seja na mídia ou fora dela, não são produto de um desvio de olhar ou fala, de um desvio no funcionamento do sistema de poder, mas inerentes a este sistema de forças e dele constitutivo. O próprio Nordeste e os nordestinos são invenções destas determinadas relações de poder e do saber a elas correspondente. Não se combate a discriminação simplesmente tentando inverter de direção o discurso discriminatório. Não é procurando mostrar quem mente e

> quem diz a verdade, pois se passa a formular um discurso que parte da premissa de que o discriminado tem uma verdade a ser revelada. Assumir a "nordestinidade", como quer Rachel [de Queiroz], e pedir aos sulistas que revejam seu discurso sobre o nordestino verdadeiro, vai apenas ler o discurso da discriminação com o sinal trocado, mas a ele permanecer preso. Tentar superar esse discurso, estes estereótipos imagéticos e discursivos acerca do Nordeste, passa pela procura das relações de poder e de saber que produziram estas imagens e estes enunciados clichês, que inventaram este Nordeste e estes nordestinos. Pois tanto o discriminado como o discriminador são produtos de efeitos de verdade, emersos de uma luta e mostram os rastros dela.
>
> (ALBUQUERQUE JR., 2009, p. 31)

Para mediar a compreensão dos alunos acerca desse trecho historiográfico, sugere-se que se organize um estudo dirigido com algumas questões que permitam auxiliá-los a relacionar as diferentes dimensões do documento. Para o autor, o que são "os estereótipos"? Quem foi Rachel de Queiroz? O que significa a proposta da escritora de "assumir a 'nordestinidade'"? Em que sentido o autor discorda da proposição de Rachel de Queiroz? Quais as relações entre estereótipos e práticas discriminatórias, segundo o autor do documento? Que caminho ele propõe para se compreender e superar a discriminação (com relação ao nordestino)?

Solicite aos alunos que retomem os quadros que elaboraram na *Atividade 1*, bem como os debates sobre eles realizados, e se posicionem com relação à seguinte proposição de Albuquerque Junior: "tanto o discriminado como o discriminador são produtos de efeitos de verdade, emersos de uma luta e mostram os rastros dela".

Desenvolvimento da narrativa de ensino

Atividade 3: **Aula expositiva**

Ministrar uma aula expositiva sobre o tema "Migrações de nordestinos para outras regiões brasileiras", com especial ênfase nas décadas de 1940 a 1970.

Durante a narrativa, trate da constância dos movimentos migratórios nordestinos desde o século XIX, problematizando as razões normalmente apontadas para eles: a estagnação econômica e as constantes secas são as responsáveis diretas pela migração, ou são, elas próprias, produtos de um modelo de planejamento político-econômico centralizado na região Centro-Sul do país?

Em termos históricos, sugere-se relacionar as migrações nordestinas entre as décadas de 1940 e 1970 com o processo de industrialização implementado, e com as concepções de desenvolvimento e nacionalismo que construíam o imaginário e davam a base do planejamento político-econômico do período. Sugere-se, ainda, relacionar os movimentos migratórios do Nordeste para o Centro-Sul com a urbanização e os problemas que as cidades – e seus habitantes, de diferentes estratos sociais e profissões – tiveram que enfrentar, em função do crescimento acelerado e das diferenças sociais.

Atividade 4: **Audiência orientada da canção "Asa branca"**

Realize uma enquete na turma a fim de identificar quantos alunos conhecem "Asa branca" (documento 3). Divida os alunos em pequenos grupos, deixando juntos os que conhecem e os que não conhecem a canção. Solicite que eles analisem a letra, inicialmente sem ouvi-la, identificando quais são os sentimentos dos compositores e que tipos de sensação eles próprios sentiram ao tomar contato com o "poema". A seguir, sugira que eles criem (ou recriem, no caso dos grupos que conhecem a canção) uma melodia para a canção que traduza os sentimentos expressos na letra.

Depois de feito o exame da letra e esse primeiro exercício de reflexão sobre seu conteúdo, realize, em sala, uma audiência orientada da gravação original de "Asa branca" (Luiz Gonzaga, 1947), solicitando que os grupos de trabalho já formados preencham uma ficha de análise da canção – em parte baseada em pesquisa, em parte em um exercício de percepção musical. A seguir, apresenta-se uma sugestão de ficha, com alguns critérios de análise do documento.

Ficha para análise de "Asa branca"[11]

Título:

Autor(es):

Data de produção:

Local de produção:

Data de lançamento:

Gravadora:

Observações:

Tema da música:

Resumo das ideias da letra:

---

[11] Uma primeira versão dessa ficha de análise da canção foi publicada num caderno de formação de professores elaborado para a Secretaria Estadual de Educação de Minas Gerais, escrito em coautoria com Regina Helena Alves da Silva e Adair Carvalhais Junior (MINAS GERAIS, 1998).

Identificação de regionalismos na letra:

Gênero musical:

Identificação de timbres (instrumentos) que compõem a canção:

Considerações sobre a relação entre melodia e letra:

Relação da música com o tema em estudo:

Opinião do grupo sobre o tratamento dado ao tema na música:

    Ao final da atividade, discuta quais as semelhanças e as diferenças entre as propostas melódicas que os alunos fizeram para a canção e a composição original, destacando, nesta, o contraste entre a tristeza da narrativa textual e a animação da narrativa melódica.

Documento 3

ASA BRANCA
Luiz Gonzaga e Humberto Teixeira
(Gravação original, RCA, 1947)

Quando "oiei" a terra ardendo
Qual fogueira de São João
Eu preguntei a Deus do céu, ai
Por que tamanha judiação
Eu preguntei a Deus do céu, ai
Por que tamanha judiação

Que braseiro, que "fornaia"
Nem um pé de "prantação"
Por "farta" d'água perdi meu gado
Morreu de sede meu alazão
Por "farta" d'água perdi meu gado
Morreu de sede meu alazão
"Inté" mesmo a asa branca
Bateu asas do sertão
"Entonce" eu disse, adeus Rosinha
Guarda contigo meu coração

"Entonce" eu disse, adeus Rosinha
Guarda contigo meu coração
Hoje longe, muitas "légua"
Numa triste solidão
Espero a chuva cair de novo
Pra "mim vortá" pro meu sertão
Espero a chuva cair de novo
Pra "mim vortá" pro meu sertão

Quando o verde dos teus "óio"
Se "espaiá" na "prantação"
Eu te asseguro não chore não, viu
Que eu "vortarei", viu
Meu coração
Eu te asseguro não chore não, viu
Que eu "vortarei", viu
Meu coração

Texto de apoio para o professor

O baião "Asa Branca" (1947) é uma das peças mais conhecidas do cancioneiro popular brasileiro, composição de dois migrantes nordestinos que viviam no Sudeste: o pernambucano Luiz Gonzaga e o cearense Humberto Teixeira. O primeiro foi responsável pela composição da melodia e o segundo, pela letra.

Luiz Gonzaga, o Gonzagão, é conhecido no Brasil como o "rei do baião", sendo regularmente identificado como o inventor desse gênero – afirmativa que deve ser analisada cuidadosamente.

O baião é um ritmo muito antigo, relacionado tanto com a chula portuguesa, quanto com o lundu africano. Presença constante no Nordeste brasileiro, desde o século XIX é associado a coreografias. Nos chamados "arrasta-pés", os bailes regionais, é interpretado por conjuntos regionais, com a base harmônica da sanfona, e anima o salão de danças. É associado, também, aos desafios musicais, comuns nas práticas culturais nordestinas. No entanto, até a década de 1940, não havia registros fonográficos dele ou "normas" para a identificação dessa forma musical.

O primeiro registro foi feito em uma primeira parceria de Luiz Gonzaga e Humberto Teixeira – "Baião", de 1946 – que tinha o próprio ritmo como tema: "Eu vou mostrar pra vocês/Como se dança o baião/E quem quiser aprender/É favor prestar atenção". Ali figurava já uma proposta de formato musical, assim como a sua associação à dança e ao Nordeste brasileiro.

A Gonzaga cabe boa parte do crédito da reinvenção do baião no seio da indústria cultural brasileira, por meio da produção e da veiculação de composições originais (quase sempre em parceria, muitas delas com Humberto Teixeira), de temáticas que aliam o regionalismo e o cosmopolitismo. Sua atuação na mídia nacional, inicialmente no rádio, depois também no cinema e na televisão, implicou não apenas a ampliação do círculo de consumo do baião como gênero musical, mas também a fixação de um formato para ele. Gonzaga assumiu a autoria da combinação dos três instrumentos básicos – sanfona, triângulo e zabumba – como uma solução musical para o gênero, apropriada para a gravação. Em linhas gerais, pode-se dizer que o timbre grave da percussão da zabumba (o "coração" cujo pulso dá a autenticidade do ritmo) contrasta com o agudo harmônico da sanfona, e o triângulo faz a liga, preenchendo toda da canção. A "divisão" do triângulo – a forma como ele marca o ritmo – é um dos elementos identificados como criação de Gonzaga para o gênero.

O tema da canção "Asa branca" é a lembrança que um migrante nordestino tem de sua terra natal – o "meu sertão" –, das condições adversas em que ali viveu e da decisão de deixá-la. Mas também o desejo de retornar, com a possibilidade de ter uma vida mais digna quando "a chuva cair de novo". Um misto de banzo e esperança é a base do tema desse baião.

Em termos literários, as cores regionais do tema ficam acentuadas pela linguagem coloquial nordestina (em vez da linguagem culta usada, via de regra, no registro de canções), materializada tanto na grafia proposta por Teixeira quanto na pronúncia de Gonzaga: "oiei" por "olhei"; "pra mim vortá" por "pra eu voltar"; etc.

Em termos melódicos, "Asa branca" é uma canção mais alegre do que triste – impressão favorecida pela tonalidade maior do registro fonográfico. É um "baião mais acelerado" que muita gente associa diretamente ao forró, exatamente porque o andamento acelerado reforça a "dimensão dançante" do gênero.

Atividade 5: **Pesquisa coletiva**

Proponha aos alunos que realizem, na mesma formação dos grupos de trabalho, uma pesquisa sobre a trajetória de Luiz Gonzaga e a reinvenção do baião na indústria fonográfica, a partir de alguns tópicos: período de atuação (com destaque para período de maior sucesso); principais gêneros, obras e temáticas abordadas; principais parceiros; principal público consumidor; formas de financiamento de sua carreira; formas de inserção nos meios de comunicação e na indústria cultural; projeção nacional e internacional; capas de álbuns do artista.

Solicite que os alunos sistematizem os dados de pesquisa sob a forma de um texto sobre a trajetória de Luiz Gonzaga, a ser publicado em um blog voltado para um público de sua faixa etária interessado em conhecer a história de artistas da música popular brasileira, ilustrado com capas de álbuns do artista e fotografias de suas performances. (Para a sistematização dessa atividade, sugere-se uma parceria com o professor de Língua Portuguesa, num trabalho sobre uma narrativa histórica com uma linguagem própria para um *blog*.)

Aplicação de novos conhecimentos

Atividade 6: **Leitura de entrevista**

Apresente, em linhas gerais, a proposta editorial d'*O Pasquim* para os alunos: um jornal da imprensa alternativa carioca, produzido durante a Ditadura Militar, sob a forma de resistência política e cultural, que tinha o humor e a ironia como marcas registradas, e que inaugurou uma linguagem jornalística debochada, voltada para um público intelectualizado. Destaque a proposta de apresentação de entrevistas longas, com participação de muitos entrevistadores e realizadas em ambientes informais, visando a construir um diálogo coloquial e descontraído. Realizem uma leitura coletiva da entrevista de Luiz Gonzaga n'*O Pasquim* (documento 4).

Documento 4

A gente não se perdoa de só agora, na edição número 111 [17 a 23/08/1971], entrevistar uma das figuras mais quentes, mais importantes, mais talentosas da nossa música popular: Luiz Gonzaga, o velho Rei do Baião, nordestino legítimo de cara, alma e coração. Pra compensar nosso atraso, resolvemos (modéstia à parte) dar um banho em matéria de Luiz Gonzaga. Após a entrevista, ele apanhou a sua sanfona no carro e deu um show pra gente aqui na redação. O negócio foi tão bom que juntou gente na rua. Mas isso não dá pra transcrever no jornal. Foi impossível, apesar dos nossos esforços, botar som nesta edição d'O PASQUIM.

O PASQUIM – Luiz Gonzaga, como é que você está se sentindo depois que você voltou à moda?

GONZAGA – É danado, né ? É melhor vocês falarem de mim porque eu mesmo não sei o que sou, não sei porque falam de mim. Eu não entendo nada, eu vou levando. Pra mim tanto faz. Que é bacana é, mas deixa o povo falar. Vocês me conhecem mais do que eu próprio.

O PASQUIM – Na época que você esteve afastado do centro do Brasil você não sentiu falta? Você nunca parou de fazer sucesso? Quando os seus discos pararam de vender aqui no sul você continuou a fazer sucesso no interior e no nordeste, não é?

GONZAGA – É interessante, eu nunca me senti bem fazendo caitituagem. Chegar com o disco debaixo do braço e pedir pra tocar, eu sempre achei isso horrível. Eu sabia que se eu caituasse, se pedisse, se implorasse eu conseguiria alguma coisa, mas meu temperamento não permitia. Uma vez eu procurei um disque jóquei meu conhecido, pela afinidade de termos trabalhado na Mayrink Veiga juntos e ele ser madurão como eu, pedi pra ele tocar uma música minha no programa dele e ele me disse: Gonzaga, você tem que compreender que agora é a juventude, você já era, isso já passou, me desculpe a franqueza. Aí eu botei minha viola no saco e fiquei com vergonha de chegar em casa. Fui pra Miguel Pereira, sumi. Então, daí pra cá eu fechei o balaio. Eu vou dizer só as iniciais do nome dele: Isaac Zaltman.

O PASQUIM – Mas você continuava enchendo praça, auditórios, circo, teatro, no interior do Brasil. Não é? Ou você estava parado?

GONZAGA - Tem provérbio que diz: Deus escreve certo por linhas tortas. Eu acho que estava fazendo um trabalho sério sem saber que estava fazendo. Eu pegava os patrocinadores, botava nas costas e ia cantar pro povo nas festas. Eu, dificilmente, dava espetáculo no cinema, no teatro, pra cobrar, pro povo me ver cantar. Eu cantava de graça na praça para o povo. Então eu consegui reunir as maiores platéias. Daí os meninos iam me assistir, os futuros gênios como Gil, Caetano e outros daí saiam querendo tocar sanfona.

[...]

O PASQUIM – Quando foi feito o filme com "Mulher rendeira", você já estava na praça?

GONZAGA – Já. Fui eu quem lançou o chapéu de couro no Rio de Janeiro. Naquela época quando aparecia um filme de cangaceiro muita gente via a minha cara no filme. Tinha gente que dizia assim: eu vi, você trabalhou bem. Eu dizia: mas eu não trabalhei. Naquela época já existia baião.

[...]

O PASQUIM – Como é que você consegue patrocínio e as coisas aconteceram?

GONZAGA – Devido eu viajar quase sempre com patrocinadores eu me habituei a cantar para público tão numeroso que não me sentia bem em cantar para uma platéia pequena, mesmo pagando bem. Eu me sentia sozinho. Então, era um martírio para mim ter que dar um espetáculo. Até hoje eu me sinto assim. Quando me convidam para trabalhar em uma festa, a primeira coisa que eu digo é: vão cobrar ingresso para me ver? Se dizem vamos, eu não vou. Eu não gosto. Eu gosto de cantar para o povo livre. Eu acabei achando que fiz bem, que cobrei bem porque todo mundo me viu cantar de graça. Os patrocinadores que eu tive maiores foram: o Moura Brasil, Alpargatas Roda, Martini, Cinzano, Café Caboclo. Isso no sul. Para o norte: Aguardente Chica Boa, Serra Grande, Pitu, Casas Pernambucanas, Lojas Paulistas.

O PASQUIM – Qual foi o maior sucesso seu, o dia mais glorioso seu na praça?

GONZAGA – Aconteceu comigo em Recife. Devido eu estar habituado a cantar pra milhares de pessoas por mais que eu pedisse pra fazer o espetáculo em praça pública, os diretores da rádio teimaram e me botaram dentro da rádio. Então, eu fui pra rádio, eu cheguei na rua onde estava a rádio e vi um público enorme interrompendo o trânsito. Eu não sabia o que estava acontecendo. Achei que podia ter sido um incêndio, qualquer coisa. Parei o meu carro e vim de pé, pelo meio do povo. Aí eu perguntei a um popular: escuta, o que houve aí? Ele me disse: O Luiz Gonzaga vai cantar aí hoje e o povo não pode entrar porque não coube. Aí eu tive a curiosidade de observar o tamanho do público, mas eu não podia, tinha que trepar em alguma coisa. Era um mar de gente. Aí eu não me contive e tive que cantar na rua.

[...]

O PASQUIM – Mas você estava falando negócio de dinheiro. O que você tem? Atenção, declaração de bens.

GONZAGA – Dinheiro eu não tenho. Quem guarda dinheiro eu acho que é um besta. Hoje tem essas financeiras por aí, mas não dá pra entender porque o Luizinho não me explica. Quando eu estava no apogeu, o artista não ganhava tanto dinheiro assim. Agora que eu ouço falar que fulano ganha bilhões, que sicrano já comprou um galaxie. Eu nunca usei um carro do ano. Eu sempre usei uma camionete, uma rural porque sempre eu respeitei o meu público. Eu tenho escola no sertão. Eu mantenho uma escola lá até hoje.

Ela havia se acabado no passado porque o governo construiu lá um grupo escolar com o meu nome, então a minha escolinha ficou em segundo plano. Mas quando foram conferir os alunos, não cabia no grupo escolar que o governo construiu. Então a minha escolinha se impôs e continua.

O PASQUIM – Onde é?

GONZAGA – Em Exu, na minha terra. Numa fazenda onde eu nasci. Exu é o município e a fazenda chama-se Araripe, onde eu nasci e me criei. Hoje é uma simples fazenda, onde mora só gente pobre, trabalhadores rurais, e nós temos cento e tantos meninos estudando. Isso não é de hoje. Já tem mais de dez anos. Em Miguel Pereira eu também tenho uma escolinha. Eu tenho mania de escola porque eu não tive escola, então eu tenho que dar escola, porque eu sei a falta que me faz. Eu gasto, tenho família numerosa. Quando eu vou pro norte eu levo sanfona, duas, três no carro pra distribuir pra aquelas pessoas. Eu dou muita esmola, mas não gosto de meter a mão no bolso e dar pro povo ver. Eu faço minhas caridades escondido pra fugir da exploração.

(SOUZA, 1976, p. 89-100)

Durante a leitura coletiva, chame a atenção dos alunos para alguns aspectos do discurso do artista: como ele explica seu afastamento da cena do Sudeste durante alguns anos; o público preferencial do artista; o financiamento de sua carreira por patrocinadores; o tipo de show que realizava; as referências a uma origem humilde; o retorno social de seu trabalho; a forma como o artista se refere à construção que fez da imagem do nordestino.

Ao final da atividade, retomando o conteúdo da aula expositiva (*Atividade 3*), analise a trajetória do artista Luiz Gonzaga e sua presença no cenário artístico nacional, relacionando-a aos contextos específicos do período democrático (1945-1964) e da Ditadura Militar (1964-1985).

Atividade 7: Análise de capas de discos

Solicite que os alunos observem as capas dos discos de Luiz Gonzaga mapeadas na *Atividade 5* (a título de exemplo, o quadro abaixo traz algumas capas de discos do artista), visando a identificar os traços de sua identidade, a partir dos seguintes elementos: vestuário; expressão facial; cenário; títulos dos álbuns; etc.

Imagens: www.luizluagonzaga.com.br

1958

1967

1974

1981

A partir dos estudos realizados até o presente momento, solicite que os alunos identifiquem quais são as principais representações do Nordeste e do nordestino construídas na trajetória de Luiz Gonzaga, avaliando quais delas se transformaram em estereótipos na nossa sociedade.

Reflexão sobre o que foi apreendido

Atividade 8: **Produção de um novo quadro de representações sociais**

Retomar o quadro de representações sociais produzido na Atividade 1, propondo que os alunos realizem uma nova versão dele, em um exercício de "empatia histórica", com o tema: "Nos anos 1970, o nordestino de Luiz Gonzaga, visto...": 1) por Luiz Gonzaga; 2) pelos migrantes nordestinos; 3) pelos nordestinos; 4) pelos patrocinadores; 5) pela indústria fonográfica; 6) pelos artistas e intelectuais; 7) pela indústria cinematográfica.

Finalmente, após a exposição dos quadros pelos grupos de trabalho, discuta com os alunos as diferentes representações construídas do nordestino a partir das representações criadas por Luiz Gonzaga, retomando algumas das questões inicialmente levantadas: como os estereótipos criados/veiculados por Gonzaga sobre o Nordeste e os nordestinos reinventaram esse lugar e esses sujeitos históricos? Como eles traduziram a sua posição no jogo de forças da sociedade brasileira do contexto entre os anos 1940 e 1970? Em que medida eles se transformaram em estereótipos? Em que medida eles concorreram para a produção e a desconstrução de práticas discriminatórias no país?

Sequência de ensino 2

A censura às diversões públicas durante a Ditadura Militar: os vetos de *Calabar*

No âmbito dos estudos sobre a Ditadura Militar brasileira (1964-1985), visando a compreender a constituição da censura de diversões públicas como um dos instrumentos do arbítrio, propõe-se uma sequência de ensino que tome como objeto de análise o projeto cultural *Calabar, o elogio da traição* (Chico Buarque e Ruy Guerra, 1973).

O projeto tinha por base um texto que foi lançado em livro, disco e espetáculo teatral e tinha como tema explícito o episódio das invasões holandesas no Brasil durante o século XVII. É um estudo de caso interessante sobre a censura durante os anos 1970, por algumas razões: aborda, diretamente, uma temática histórica; faz uma crítica à sociedade na qual foi produzida, por meio de metáforas, apresentando um cruzamento de diferentes temporalidades históricas; favorece uma abordagem pedagógica interdisciplinar, pois opera com diferentes linguagens artísticas; permite analisar as dimensões política e moral da censura brasileira naquele período, matizando a ação desse órgão de repressão.

Propõe-se que a canção popular brasileira seja abordada a um só tempo como objeto de estudos e fonte histórica, partindo da trilha sonora de *Calabar*, com destaque para a canção "Fado tropical".

O problema histórico que embasa a sequência de ensino pode ser assim enunciado: como se desenvolveu a relação entre artistas, Estado autoritário e sociedade civil durante o processo de censura ao projeto cultural *Calabar, o elogio da traição*, em meados da década de 1970?

Sequência de ensino: quadro panorâmico

O quadro a seguir apresenta a identificação sumária das atividades (documentos e estratégias didáticas planejadas para realizar o tratamento didático de cada um deles) da sequência de ensino. Em seguida, apresenta-se uma descrição mais minuciosa de cada atividade, com especial detalhamento daquelas que se referem diretamente à canção popular brasileira, além da transcrição/reprodução dos documentos cujo uso didático foi indicado.

Problematização	Desenvolvimento da narrativa	Aplicação de conhecimentos	Reflexão / Síntese
Atividade 1: Orientação de leitura do livro *Calabar, o elogio da traição*, conjuntamente, pelos professores de História, Literatura e Arte. *Atividade 2:* Análise das três capas dos álbuns *Chico canta* (*Calabar*), além de reconhecimento do repertório do álbum.	*Atividade 3:* Aulas expositivas: Ditadura Militar brasileira; os tipos de censura. *Atividade 4:* Exibição de trecho do documentário *Bastidores*. *Atividade 5:* Debate sobre o livro *Calabar*, a partir de leitura de um trecho historiográfico.	*Atividade 6:* Audiência da canção "Fado tropical". *Atividade 7:* Realização de pesquisa sobre temas históricos, pelos alunos. *Atividade 8:* Reflexão sobre questão proposta pelo professor sobre as diferentes temporalidades históricas presentes em *Calabar*.	*Atividade 9:* Reescrita de um texto jornalístico da revista *Veja*.

Sequência de ensino: descrição das atividades

Problematização

Atividade 1: **Orientação de leitura do livro Calabar, o elogio da traição**

Antes ainda do início desse projeto, oriente os alunos para a realização da leitura da obra *Calabar, o elogio da traição* (documento 1). Se possível, elabore um roteiro interdisciplinar de orientação de leitura, no qual os professores de História, Literatura e Arte proponham questões específicas para os alunos, de acordo com os procedimentos de pesquisa próprios da sua área de conhecimento.

Para a abordagem histórica, sugere-se, além da construção de um roteiro que ajude os alunos a interagirem com o texto, que a orientação seja feita em uma aula que aborde o livro como um documento, destacando os seguintes aspectos de suas dimensões material e descritiva:

Material: as formas de circulação do texto (livro, disco, espetáculo) e as diferenças na composição da mensagem em cada uma delas.

Descritiva: pequena biografia dos autores; contexto de produção e circulação inicial da obra (Ditadura Militar, governo Médici); tema do qual ela trata diretamente (a celeuma sobre a traição de Calabar a Portugal, durante as invasões holandesas na América Portuguesa, no século XVII).

Texto de apoio para o professor

Calabar, o elogio da traição é um projeto de teatro musicado de autoria de Chico Buarque e Ruy Guerra, produzido em 1973, durante os anos duros do governo Médici.

O processo de censura da peça *Calabar* compõe o acervo Divisão de Censura de Diversões Públicas do Departamento de Polícia Federal (DCDP/DPF), no Arquivo Nacional de Brasília (DCDP/CP/TE/PT/CX444/1277), e é minuciosamente analisado em Garcia (2007 e 2008) e Cruz (2002). Teve início em abril de 1973 e só foi concluído em abril do ano seguinte. Inicialmente, a peça foi autorizada por meio da emissão de certificado de censura. Quando os produtores solicitaram a censura do ensaio geral, com uma grande produção já em andamento, teve início uma sequência de ações que fugiam aos padrões da DCDP/DPF e que culminaram no veto da peça, em janeiro do ano seguinte.

Nesse intervalo de nove meses, os produtores – o próprio Buarque, Ruy Guerra e a companhia de Fernando Torres e Fernanda Montenegro – tentaram manter a viabilidade do espetáculo, por meio de ensaios com o elenco e da solicitação de notícias oficiais da Censura. Mas houve, também, uma série de ações da DCDP/DPF, com apoio de órgãos de informação: a proibição da menção ao nome "Calabar"; uma tentativa de censura do livro, que não se efetivou pela morosidade do processo; a censura da capa do disco, que tinha a mesma estética da capa do livro, com o nome *Calabar* pichado em um muro, e das letras das canções; a censura das letras de algumas canções no disco; e a censura à divulgação pública das faixas "Fado tropical" e "Boi voador", que haviam saído com letra no disco.

Enquanto isso, o público aguardava a estreia, com ansiedade, movimentando-se em torno da obra, com desejo de assistir ao proibido. *Calabar* transformou-se em uma espécie de frente de resistência, como definiu, em seu caderno de notas, o diretor do espetáculo que não houve: "Continuam os ensaios e as ameaças [...] Em certos momentos, claro, a vontade é de largar tudo. Mas é esta a nossa modesta frente de resistência: continuar" (PEIXOTO, 1989, p. 192 *apud* CRUZ, 2002, p. 43).

Após o veto de janeiro de 1974, Chico Buarque levou o caso à justiça, impetrando mandado de segurança contra a decisão da DCDP/DPF. O processo de censura foi finalizado, com a manutenção do veto, em abril de 1974. Ainda que brevemente, o caso merece destaque na trajetória de Buarque em meados da década de 1974, pela repercussão que teve sobre as representações sociais do artista como sujeito político. Embora a peça *Calabar* não tenha sido encenada publicamente, em temporada, até 1980 – e exatamente por isto – tornou-se um ícone de resistência.

Ainda em 1974, sob a direção de Ruy Guerra, coautor de *Calabar*, Chico Buarque realizou, junto com o MPB4, o show *Tempo e contratempo*. O espetáculo – cujo nome explicitava o "contratempo", referente à peça, em "tempo" de censura – tornou-se importante na mobilização cultural da esquerda, em função do seu conceito e do contexto em que foi realizado, imediatamente após o veto de *Calabar*. Era composto de duas partes. Na primeira, o grupo MPB4 apresentava canções de Chico Buarque; na segunda, o próprio Buarque se juntava ao grupo para a apresentação do repertório de *Calabar*. Assistir ao que havia sido proibido era uma expectativa acalentada pelo público.

Atividade 2: **Análise de capas dos álbuns Chico canta (Calabar) *e reconhecimento do repertório***

Solicite que os alunos observem as seguintes capas de discos, buscando identificar o elemento comum entre elas [o nome de Chico Buarque].

As três capas são de álbuns que veicularam o repertório de *Calabar, o elogio da traição*. A primeira é a original, que foi produzida com a mesma arte gráfica do livro e da divulgação da peça. Com a proibição da menção ao nome "Calabar", essa capa também foi proibida. A primeira tiragem do disco saiu com a frente da capa branca, apenas com a inscrição "Chico Buarque", pequena no canto direito. Na parte de trás, na lateral esquerda, lê-se "CHICOCANTA"; à direita, consta a listagem das músicas e a ficha técnica. O disco foi produzido e distribuído pela CBD Phonogram, em 1973. A terceira arte traz a fotografia de Chico Buarque e o título "CHICOCANTA", com forte apelo à imagem do artista; explora também o veto ao nome "Calabar", que a essa altura já era amplamente conhecido do público.

Documento 2, 3 e 4

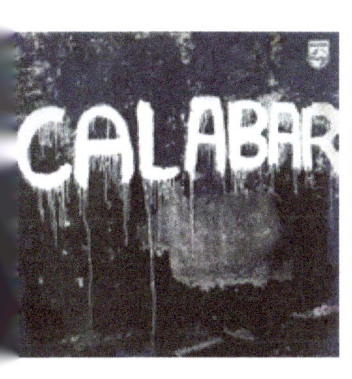

Em seguida, solicite que os alunos apontem as diferenças entre as capas, analisando o conceito que cada uma delas cria para o LP.

Finalmente, explore com eles o repertório do álbum, tratando dos seguintes aspectos: temas abordados pelas canções; relação entre as canções e o enredo da peça teatral (inclusive com caracterização das personagens); censura nas faixas do LP (por exemplo, as faixas que são instrumentais e as que têm palavras cortadas na gravação).

Desenvolvimento da narrativa de ensino

Atividade 3: **Aulas expositivas dialogadas**

Ministre uma série de aulas expositivas dialogadas sobre a Ditadura Militar brasileira, analisando a dinâmica de construção do Estado autoritário, especialmente a partir da periodização que vem sendo utilizada como referência para o período:

- 1ª fase, de 1964-1968, do golpe militar até a publicação do Ato Institucional nº 5 (AI-5), em um governo da ala dos militares "moderados";
- 2ª fase, de 1968-1974, entre o AI-5 e o início do governo do Gal. Geisel, quando organiza-se a comunidade de segurança e de informação da Ditadura (inclusive com o acirramento da censura) e implanta-se o chamado "processo revolucionário" permanente;
- 3ª fase, de 1974 a 1979, do governo do Gal. Geisel até o final do governo do Gal. Figueiredo, marcada pelo avanço progressivo do processo de liberalização política e a reestruturação da área de segurança;
- 4ª fase, de 1979 a 1985, da anistia ao final dos governos militares, marcada pela abertura política, pela reestruturação partidária e pelo crescimento da ação dos movimentos sociais.

Ministre aulas expositivas sobre a censura na Ditadura Militar, como uma estratégia de segurança nacional do Estado arbitrário, apresentando os dois "tipos de censura" (Ver Fico, [s.d]): a legalizada e a "revolucionária". Esta última era a censura política de imprensa, que funcionou entre 1968 e 1973, sem que o governo assumisse a sua existência, por meio de proibições de publicação de determinados assuntos. A primeira, a legalizada, não foi exatamente uma invenção da Ditadura Militar, existindo sob a forma de censura de diversões públicas desde 1946, com a função de defesa "da moral e dos bons costumes". Após 1968, ela passou a se ocupar também de questões políticas.

Atividade 4: **Exibição de trecho do documentário Bastidores**

Exiba a segunda parte do documentário *Bastidores* (BRASIL, 2006; documento 5), na qual Chico Buarque narra a sua trajetória como artista em diálogo com o teatro, desde meados da década de 1960 até o final da década de 1970. Ali, o artista apresenta, em linhas gerais, o enredo de seus textos para teatro (*Roda viva, Calabar, Gota d'água* e *Ópera do malandro*), além de narrar os conflitos enfrentados com a censura e discorrer sobre o papel das canções na composição da mensagem dos textos.

O filme permitirá discutir com os alunos a dinâmica de embate (coação e resistência) entre artistas e Estado, além de conhecer um pouco melhor a trajetória de Chico Buarque. Entretanto, como o documentário é baseado na entrevista do artista, cotejada com imagens de época, é importante promover, junto aos alunos, uma reflexão sobre dois aspectos: 1) como o entrevistado constrói sua autoimagem; 2) como o discurso apresenta o diálogo de diferentes temporalidades, com avaliações feitas *a posteriori* dos fatos.

Atividade 5: **Debate sobre o livro Calabar**

Realize, em sala de aula, um debate sobre o livro *Calabar, o elogio da traição* (documento 1), explorando os aspectos apontados no roteiro de orientação anteriormente entregue aos alunos e os fatos históricos discutidos sobre a Ditadura Militar, nas atividades anteriores. Especialmente, leve os alunos a relacionarem as duas temporalidades que se entrecruzam no enredo do livro, a partir do mote da traição em contexto de embate entre diferentes interesses políticos e econômicos: a América Portuguesa do século XVII e o Brasil da Ditadura Militar.

Para finalizar o debate, discuta coletivamente com os alunos o seguinte trecho historiográfico, tomando como foco as diferentes versões sobre a trajetória de *Calabar* e a dimensão objetiva dos fatos históricos que envolvem essa personagem histórica:

Documento 6

Caio César Boschi

"[...] Se o conhecimento histórico fosse estático, uno e definitivo, também não haveria necessidade de historiadores e professores de História. Bastaria recorrer, quando necessário, a uma grande central de dados. Teríamos um ponto de vista exatamente igual ao de nossos antepassados e as futuras gerações, um ponto de vista igual ao nosso.

Fique claro: o que acabo de dizer não significa que estou assumindo um total relativismo. Compreender a construção do conhecimento e das verdades históricas como algo que pode variar no tempo, que é mutável, não significa dizer que "vale tudo" na construção desse conhecimento, ou que tudo depende exclusivamente de juízo de valor. A História não é espaço para julgamentos, não é um tribunal. Os fatos históricos são o que são independentemente de nossas preferências e valores.

O julgamento histórico de Domingos Fernandes Calabar (1600?-1635) é um exemplo típico do que acontece quando a análise crítica cede lugar à opinião e aos juízos de valor. Calabar era senhor de engenho em Pernambuco no início do século XVII e se destacou na luta contra os invasores holandeses. Por alguma razão ele mudou de lado – como vários outros pernambucanos – e passou a apoiar a Holanda. Com bom conhecimento da região, Calabar garantiu importante vantagem para os holandeses, que ocuparam boa parte da atual região Nordeste. Declarado desertor e traidor, Calabar foi capturado, julgado e condenado a morrer no garrote, um tipo de estrangulamento. Ele afirmou até morte que era patriota. Mas, apesar disso e de sua controvertida condenação, a historiografia tradicional continua a considerar Calabar um traidor da pátria.

Em 1973, Chico Buarque e Ruy Guerra escreveram a peça *Calabar: o elogio da traição* em que dão tratamento diferente do que é dado pela historiografia tradicional à trajetória do controvertido personagem-título. Escrito durante a ditadura militar, o texto faz alusões à conjuntura política dessa época e teve sua primeira montagem proibida pela censura." [O texto desse último parágrafo é legenda de uma fotografia do texto-base do livro.]

(BOSCHI, 2007, p. 29-30)

Aplicação de novos conhecimentos

Atividade 6: **Audiência da canção "Fado tropical"**

Documento 7

FADO TROPICAL
Chico Buarque e Ruy Guerra
(Gravação original, álbum *Chicocanta*, Phonogram, 1973)

Oh, musa do meu fado,
Oh, minha mãe gentil,
Te deixo consternado
No primeiro abril.
Mas não sê tão ingrata!
Não esquece quem te amou
E em tua densa mata
Se perdeu e se encontrou.
Ai, esta terra ainda vai cumprir seu ideal:
Ainda vai tornar-se um imenso Portugal!

"Sabe, no fundo eu sou um sentimental.
Todos nós herdamos no sangue lusitano
uma boa dosagem de lirismo (além da
sífilis,* é claro). Mesmo quando as minhas
mãos estão ocupadas em torturar, esganar,
trucidar, o meu coração fecha os olhos e
sinceramente chora..."
Com avencas na caatinga,
Alecrins no canavial,
Licores na moringa

Um vinho tropical.
E a linda mulata
Com rendas do alentejo
De quem numa bravata
Arrebata um beijo...

Ai, esta terra ainda vai cumprir seu ideal:
Ainda vai tornar-se um imenso Portugal!

"Meu coração tem um sereno jeito
E as minhas mãos o golpe duro e presto,
De tal maneira que, depois de feito,
Desencontrado, eu mesmo me contesto.

Se trago as mãos distantes do meu peito
É que há distância entre intenção e gesto
E se o meu coração nas mãos estreito,
Me assombra a súbita impressão de incesto.
Quando me encontro no calor da luta
Ostento a aguda empunhadora à proa,
Mas meu peito se desabotoa.

E se a sentença se anuncia bruta
Mais que depressa a mão cega executa,
Pois que senão o coração perdoa".

Guitarras e sanfonas,
Jasmins, coqueiros, fontes,
Sardinhas, mandioca
Num suave azulejo

E o rio Amazonas
Que corre trás-os-montes
E numa pororoca
Deságua no Tejo...

Ai, esta terra ainda vai cumprir seu ideal:
Ainda vai tornar-se um império colonial!
Ai, esta terra ainda vai cumprir seu ideal:
Ainda vai tornar-se um império colonial!

Copyright © 1973 by CARA NOVA EDITORA MUSICAL LTDA.
50% referente à parte de Ruy Guerra
Copyright © 1973 by MAROLA EDIÇÕES MUSICAIS LTDA.
50% Referente à parte de Chico Buarque
Todos os direitos reservados

* A palavra "sífilis" foi suprimida da gravação original, em função de ordem da censura.

Texto de apoio para o professor

A canção "Fado Tropical" é uma das mais conhecidas do repertório de *Calabar, o elogio da traição*. Embora seja a que faz a crítica política ao arbítrio da Ditadura Militar – com menções, por exemplo, à tortura e à violência –, no disco, sofreu apenas censura moral, com a supressão da palavra "sífilis".

Em termos musicais, a canção é um fado, gênero tipicamente português, hoje já reconhecido como universal. O nome é derivado do latim *fatum*, comumente traduzido como "destino".

Há algumas teorias para explicar o surgimento do fado como gênero musical. Alguns afirmam que ele teria surgido dos cantos mouros, que, mesmo depois da retomada dos cristãos, continuaram a residir em Lisboa, expressando sua saudade da terra natal. Mas há poucas evidências históricas da veracidade dessa versão, pois o fado só se tornou conhecido mesmo no século XIX. Há quem ligue a origem do fado às cantigas dos trovadores, à saudade dos marinheiros ou à combinação da modinha com o cântico africano lundu.

Os sentimentos de base do fado são o sofrimento e a tristeza, sendo conhecido como um "canto de banzo". Tradicionalmente, é cantado por um(a) fadista, acompanhado da viola e da guitarra portuguesa – acompanhamento básico do "Fado tropical".

Em termos poéticos, o "Fado tropical" trata das relações entre Portugal e a América Portuguesa como o cumprimento de um destino: "essa terra [a América Portuguesa ou o Brasil contemporâneo] ainda vai cumprir seu ideal". A letra mostra as imbricações das referências culturais desses dois lugares – "avencas na caatinga", "alecrins no canavial", etc. –, entrecortada com as declarações de um narrador dividido entre eles.

Atividade 7: **Realização de pesquisa sobre temas históricos pelos alunos**

Divide os alunos em grupos e solicita que eles realizem pesquisas sobre: 1) as guerras de independência na África; 2) a ditadura salazarista em Portugal. Peça para que eles sistematizem os resultados das pesquisas em cartazes e realize uma exposição deles em sala de aula.

Discuta com os alunos como o texto de *Calabar* – e sua circulação social – dialoga com esses fatos históricos, criando representações da ideia de traição e do próprio Brasil.

Atividade 8: **Reflexão sobre questão proposta pelo professor**

Apresente para os alunos a seguinte questão e peça para que eles a respondam realizando uma paródia da canção "Fado tropical": como Chico Buarque e Ruy Guerra, em *Calabar*, problematizam diferentes temporalidades e realidades históricas?

Reflexão sobre o que foi apreendido

Atividade 9: **Reescrita de texto jornalístico**

Leia com os alunos o texto publicado na revista *Veja* em novembro de 1973, que faz uma avaliação de *Calabar*. Analise a opinião do autor sobre esse projeto cultural, inserindo em seu contexto histórico – qual seja, o momento posterior ao lançamento do livro, mas ainda anterior ao veto do espetáculo teatral e às canções.

Em seguida, solicite que, em duplas, os alunos reescrevam esse texto como se fossem jornalistas do mesmo veículo de comunicação em contextos históricos diferentes – todos posteriores ao veto do espetáculo e à circulação inicial das canções compostas para ele. Oriente os alunos a avaliar o projeto cultural, de acordo com as experiências históricas vivenciadas pelo "narrador" que eles representam, especialmente as impressões sobre o processo de censura da peça *Calabar* e as repercussões que ele teve na sociedade brasileira. Por exemplo, você pode sugerir os seguintes momentos históricos para a produção do texto: em 1975, após a declaração do Estado autoritário de que teria início o processo de "distensão lenta, gradual e segura"; em 1978, em plena campanha da anistia; em 1984, no âmbito da mobilização social pelas "Diretas Já", etc.

Documento 8

Canções da colônia

Calabar, de Chico Buarque de Hollanda e Ruy Guerra; Civilização Brasileira; 93 páginas; 15 cruzeiros.

O que é bom para a Holanda é bom para o Brasil? Os holandeses tinham certeza que sim, os portugueses juravam que não. Trezentos anos atrás, os dois países mandaram seus soldados decidirem a pendência no campo de batalha.

Os holandeses partiram deixando alguns vestígios de cultura e civilização que ainda hoje provocam suspiros: se o resultado da guerra tivesse sido outro, um Brasil holandês não teria sido preferível à colonização brutal dos portugueses? Acima, porém, dessas questões, a história consagrou personagens, e um deles – Domingos Fernandes Calabar – sobreviveu como um adjetivo desprezível, significando a forma mais baixa de traição à pátria. São esses personagens e não as hipóteses que entram em cena na peça de Chico Buarque e Ruy Guerra, agora editada em livro. Envolvendo a eles e às canções que cantam, uma obssessão única – a da traição – dá ao texto uma acentuação irônica e ambígua, estranha como os caminhos que levam ao palco essa gente de dois mundos diferentes.

Traidor e herói – o cipoal tecido por Chico Buarque e Ruy Guerra funciona como a assustada iminência de uma punhalada nas costas. Frei Manuel do Salvador passa-se dos portugueses para os holandeses, e vice-versa, sempre em paz com o Senhor. Bárbara, a mulher (depois viúva) de Calabar, trai sua memória com a prostituta Ana de Amsterdam para depois oferecer seu amor a Sebatião Souto, o traidor nato, nascido na Baía da Traição, e que morre de tiro traindo-se a si mesmo, dizendo amar Bárbara. E mesmo o príncipe holandês, Maurício de Nassau, que povoava seus sonhos de conquista com a ambição de construir palácios e obras de arte, termina sua missão no Brasil confessando: "E agora constato que tudo, mesmo aquilo de que ainda me orgulho, pode ser classificado de traição". Todos os personagens no entanto são mais do que essa consciência dos próprios fracassos. Há uma dignidade patética tanto nas razões do príncipe Nassau quanto nas do traidor Souto, que entregou Calabar aos portugueses, para que ele fosse "morto de morte natural para sempre na forca, e seu corpo esquartejado, salgado e jogado aos quatro cantos". Pouco mais de um século depois, na distante Vila Rica, em Minas, um outro traidor era condenado a um destino semelhante, e com as mesmas palavras de ordem. Chamava-se Tiradentes e, ao contrário do infeliz Calabar, passou à história como herói.

Construindo seu texto em torno de um cadáver, jamais mostrado em cena, Chico Buarque e Ruy Guerra tocam inspiradamente no mito. Calabar é apenas uma bacia de sangue que Bárbara toca com as mãos antes de se entregar a um momento de amor com Ana de Amsterdam, embaladas por uma belíssima canção: "Vamos ceder enfim à tentação / Das nossas bocas cruas / E mergulhar no poço escuro de nós duas". Nesta e em outras passagens da peça, as canções falam a linguagem mais límpida e instigante da atual poesia em língua brasileira. E nos seus lances mais engraçados – como a cena em que o índio Filipe Camarão confessa não ter medo da morte e o Frei o aplaude, pois "precisamos aproveitar nossos recursos naturais" – chega mesmo a ocorrer uma daquelas dores que só acontecem quando se ri.

(MAYRINK, 1973, p. 119.)

Sequência de ensino 3

Trabalho & tecnologias da informação: *eu penso e posso, parabolicamará!*

Nesta sequência de ensino, a canção popular brasileira será utilizada como fonte, visando a estimular a reflexão histórica sobre uma questão que atinge diretamente os alunos do ensino médio: as configurações do mercado de trabalho em tempos de desenvolvimento acelerado das tecnologias de produção e divulgação de informações.

Para isso, propõe-se que a audiência de duas canções de Gilberto Gil – "Cérebro eletrônico" (1969) e "Parabolicamará" (1992) – inicie uma sequência de atividades de pesquisa sobre o mercado de trabalho contemporâneo, tomando como alvo a atuação de profissionais que lidam diretamente com a tecnologia nas áreas de informação e comunicação.

A pesquisa derivará do exame de um problema histórico: como as relações de trabalho vêm se modificando, a partir da segunda metade do século XX, com o desenvolvimento acelerado das tecnologias de produção e veiculação de informações?

Sequência de ensino: quadro panorâmico

O quadro a seguir apresenta a identificação sumária das atividades (documentos e estratégias didáticas planejadas para realizar o tratamento didático de cada um deles) da sequência de ensino. Em seguida, apresenta-se uma descrição mais minuciosa de cada atividade, com especial detalhamento daquelas que se referem diretamente à canção popular brasileira, além da transcrição/reprodução dos documentos cujo uso didático foi indicado.

Problematização	Desenvolvimento da narrativa	Aplicação de conhecimentos	Reflexão/Síntese
Atividade 1: Audiência orientada da canção "Cérebro eletrônico" (Gilberto Gil, 1969), em diálogo com o texto "Um outro cérebro eletrônico".	*Atividade 4:* Aula expositiva dialogada: desenvolvimento tecnológico na segunda metade do século XX e as transformações no mundo do trabalho.	*Atividade 6:* Pesquisa em grupo: *Em um mundo de informações em excesso: novas profissões ou novas capacidades?*	*Atividade 8:* Produção de videoclipes para as canções "Cérebro eletrônico" e "Parabolicamará", a partir das reflexões realizadas ao longo da sequência de ensino.
Atividade 2: Audiência orientada da canção "Parabolicamará" (Gilberto Gil, 1992), em diálogo com um texto do cancionista sobre o processo de composição e as imagens de capa e contracapa do álbum.	*Atividade 5:* Leitura orientada do texto "O que fazer com tanta informação?"	*Atividade 7:* Seminário para socialização dos resultados das pesquisas produzidas pelos grupos.	
Atividade 3: Cotejamento das representações construídas pelas duas canções.			

Sequência de ensino: descrição das atividades

Problematização

Atividade 1: **Audiência da canção "Cérebro eletrônico" (Gilberto Gil, 1969), em diálogo com o texto "Um outro cérebro eletrônico"**

Audiência da canção (documento 1)

Antes de promover a audiência da canção em sala, Apresente para os alunos um panorama da trajetória artística do cancionista Gilberto Gil, dando destaque a: 1) sua participação no movimento tropicalista em finais da década de 1960; 2) a recorrência de peças que tratam da relação entre o homem e a tecnologia em seu cancioneiro, sob diferentes abordagens; 3) a sua crescente participação na esfera política institucional a partir da década de 1980 e o engajamento em movimentos e causas diversos (como a defesa do meio ambiente, a valorização da cultura negra e de culturas regionais, especialmente as que têm pouco acesso aos meios de produção). Vale a pena, ainda, questionar se os alunos conhecem a obra de Gilberto Gil ou o quanto dela conhecem.

Proporcione a primeira audiência da canção, sem que os alunos tenham a letra em mãos, a fim de estimular a escuta e a percepção das sensações que a canção suscita neles. Depois de ouvir sobre as percepções dos alunos, promova uma segunda audiência, disponibilizando a letra para eles. Discuta, ao final, o conceito da canção e a visão por ela apresentada sobre o problema histórico em estudo, analisando cuidadosamente a (des)conexão entre a letra e a melodia no arranjo sugerido.

Documento 1

CÉREBRO ELETRÔNICO
Gilberto Gil
(Gravação original, álbum *Gilberto Gil*, Universal, 1969)

O cérebro eletrônico faz tudo
Faz quase tudo
Quase tudo
Mas ele é mudo

O cérebro eletrônico comanda
Manda e desmanda
Ele é quem manda
Mas ele não anda

Só eu posso pensar se Deus existe
Só eu
Só eu posso chorar quando estou triste
Só eu
Eu cá com meus botões de carne e osso
Hum, hum
Eu falo e ouço
Hum, hum
Eu penso e posso

Eu posso decidir se vivo ou morro
Porque
Porque sou vivo, vivo pra cachorro
E sei
Que cérebro eletrônico
nenhum me dá socorro
Em meu caminho inevitável para a morte

Porque sou vivo, ah, sou muito vivo
E sei
Que a morte é nosso impulso primitivo
E sei
Que cérebro eletrônico
nenhum me dá socorro
Com seus botões de
ferro e seus olhos de vidro

Copyright © by GEGE EDIÇÕES MUSICAIS LTDA.
(Brasil e América do Sul)/PRETA MUSIC (Resto do Mundo).
Todos os direitos reservados

Texto de apoio para o professor

"Cérebro eletrônico" é uma canção marcante da fase tropicalista de Gilberto Gil (álbum *Gilberto Gil*, 1969), produzida após o lançamento dos discos que "inauguraram" essa estética. Como o cancionista explica, foi composta enquanto ele esteva preso, após o AI-5, sob acusação de subversão – numa prisão política de fundo moral:

> Eu estava preso havia umas três semanas, quando o sargento Juarez me perguntou se eu não queria um violão. Eu disse: "Quero". E ele me trouxe um, com a permissão do comandante do quartel. O violão ficou comigo uns quinze dias. Aí, eu, que até então não tinha tido estímulo para compor (faltava a "voz"

da música, o instrumento), fiz "Cérebro eletrônico", "Vitrines" e "Futurível" – além de uma outra, também, sob esse enfoque, ou delírio, científico-esotérico, que possivelmente ficou apenas no esboço e eu esqueci.

O fato de eu ter sido violentado na base de minha condição existencial – meu corpo – e me ver privado da liberdade de ação e do movimento, do domínio pleno de espaço-tempo, de vontade e de arbítrio, talvez tenha me levado a sonhar com substitutivos e a, inconscientemente, pensar nas extensões mentais e físicas do homem, as suas criações mecânicas; nos comandos teleacionáveis que aumentam sua mobilidade e capacidade de agir e criar. Porque essas são ideias que perpassam as três canções (GIL, 1996, p. 103).

O tema da canção é a limitação dos poderes da tecnologia frente às questões existenciais e o poder de decisão do ser humano. Uma reflexão sobre impossibilidade de controle da liberdade de pensamento, que se traduz na supremacia do homem, que "pensa e pode", frente à máquina, que "faz tudo, faz quase tudo". A reflexão se constrói a partir de uma metáfora tecnológica: o "cérebro eletrônico", expressão que era usada para referir-se aos computadores (que não eram de uso cotidiano, como atualmente), especialmente no âmbito da ficção científica – como se pode observar no documento 2 desta sequência de ensino.

Em termos musicais, na gravação original, o tema da canção se faz presente com a exacerbação de alguns elementos da estética tropicalista, como o uso de timbres metálicos e da dissonância como recurso de comunicação. A canção é um rock, com a base feita em baixo e bateria, além da guitarra e de um teclado com sintetizador, que vão se tornando vozes dissonantes com o desenrolar da canção – assim como a voz do intérprete, o próprio Gilberto Gil. Alguns recursos de arranjo geram sensação de incômodo crescente no ouvinte: as distorções de som (com efeitos eletrônicos) da guitarra e do teclado, a desconstrução da harmonia e os muitos melismas (vocalizações livres, usadas para ornamentar a canção, em geral com a repetição silábica; no caso dessa canção, eles acabam por assemelhar-se a gritos). Ao final, é como se a voz do intérprete, a guitarra e o teclado – sobre a base do rock – falassem coisas diferentes, colericamente, cada um sobre um assunto diferente. Uma conversa sem diálogo.

Na letra, a tensão homem x máquina se resolve, com a humanidade vencendo os limites da tecnologia ("Eu penso e posso/Eu posso decidir se vivo ou morro/Porque sou vivo/Vivo pra cachorro"). Mas, na junção com a melodia e, especialmente, no arranjo original da canção, o descompasso inicialmente apresentado na letra – relativo à ação do cérebro eletrônico que parece tudo fazer, mas que tem seus limites na falta de humanidade – transforma-se em uma constatação inoportuna. Nesse sentido, no formato final da canção predomina a tensão entre o homem e a máquina, sobressaem os ares de uma relação conflituosa e competitiva, sem solução.

Em função dessas caraterísticas, recomenda-se a realização de uma atividade, com a gravação original da canção "Cérebro eletrônico", que explore de maneira aprofundada a relação entre as dimensões descritiva e sensível do documento. A partir da identificação do tema e dos timbres que compõem a canção, interrogue os alunos sobre as sensações e os sentimentos que o cancionista parece querer transmitir e sobre o que eles próprios sentiram, efetivamente, ao escutar a canção. Explore esse aparente descompasso entre a solução dada pela letra e a manutenção do estado de tensão no arranjo musical. Finalmente, estimule-os a explicitarem como eles percebem a relação entre o homem e a tecnologia no mundo contemporâneo.

Leitura do texto "Um outro cérebro eletrônico" (documento 2)

Leia, coletivamente, o texto sugerido, que consiste em um comentário sobre o livro *O diabólico cérebro eletrônico* (David Gerrold, 1972), clássico da ficção científica. A sugestão de leitura visa a auxiliar os alunos a compreenderem a inserção da canção em análise em um dado contexto mental, no qual a expressão "cérebro eletrônico" era corrente e estavam em debate os limites, os problemas e os benefícios do desenvolvimento tecnológico para a vida humana.

Uma possibilidade interessante de trabalho interdisciplinar, inclusive, seria a de o professor de Literatura orientar os alunos para a leitura do clássico de ficção, debatendo com eles, a partir de um outro referencial, como o tema era tratado na década de 1970 nesse gênero literário.

Documento 2

Um outro cérebro eletrônico
Ricardo Marcelos Bracarense

O livro de ficção científica *O diabólico cérebro eletrônico* (cujo título original é *When HARLIE was one*) foi escrito por David Gerrold e publicado em 1972. Tem como protagonistas Dr. Auberson e HARLIE. O primeiro era o psicólogo encarregado de acompanhar o desenvolvimento e monitorar as capacidades do segundo, HARLIE – sigla para *Human Analog Replication, Lethetic Intelligence Engine* (Robô de Equivalentes Vitais Humanos), o primeiro computador consciente, dotado de um verdadeiro *cérebro eletrônico*.

No enredo, uma das formas usadas por Auberson para avaliar HARLIE foi apresentar a ele uma série de questões abstratas, cada vez mais complexas, que acabaram por enveredar para a análise filosófica e existencial.

Ao ser questionado a respeito da existência de Deus, o computador informou não ter dados suficientes para responder a pergunta e propôs a criação de GOD – *Graphic Omniscient Device* (Dispositivo Gráfico Onisciente). A sigla, uma alusão metafórica a Deus, designado pelo vocábulo *God* na língua inglesa, era o nome do computador definitivo ao qual HARLIE seria conectado e que poderia responder de maneira definitiva qualquer questão que lhe fosse apresentada, inclusive sobre a existência de uma divindade superior e transcendente.

O tema da relação entre Deus e a tecnologia da informática já era debatido na literatura de ficação científica desde o início do século XX. Mas em *O diabólico cérebro eletrônico*, o autor usa uma metáfora rica em detalhes e ironia ao desenvolver seu enredo em torno desse eixo central: para responder se Deus existe é necessário criar GOD, uma espécie de divinização das máquinas. Esse enredo sofisticado torna essa história um clássico da ficção científica mundial, publicado em 1972, três anos após a canção *Cérebro eletrônico*, de Gilberto Gil – o que mostra o uso corrente da expressão naquele contexto e o debate em curso sobre a relação humanidade/desenvolvimento tecnológico.

Apesar de não ser muito conhecido do grande público, David Gerrold é um autor renomado no campo da ficção científica, ganhador dos Prêmios Hugo e Nebula (os mais importantantes dessa área). Ele também é muito conhecido por dois outros feitos: ser o autor de "Problemas aos Pingos" (*Troubles with Tribbles* no original em inglês), um dos mais famosos episódios da série clássica *Star Trek*; e por ter sido o primeiro a usar, ao contar a saga de HARLIE, a palavra "vírus", para referir-se a um programa que invade sistemas operacionais de computador.

Atividade 2: **Audiência orientada da canção "Parabolicamará" (Gilberto Gil, 1972), em diálogo com um texto do cancionista sobre o processo de composição e com as imagens de capa e contracapa do álbum**

Audiência da canção (documento 3)

Alerte os alunos para o fato de que, embora seja obra do mesmo compositor de "Cérebro eletrônico", esta canção foi composta em um contexto bem diferente, mais de vinte anos depois. Especialmente, importa destacar o salto tecnológico que haviam dado, nesse interregno temporal, a informática e os meios de comunicação de massa, e duas de suas implicações: 1) a democratização do processo de produção da informação e o aumento do acesso social à informação; 2) a diversificação dos ritmos temporais simultâneos na sociedade contemporânea.

Documento 3

PARABOLICAMARÁ
Gilberto Gil
(Gravação original, álbum *Parabolicamará*, Warner Music, 1992)

Antes mundo era pequeno
Porque Terra era grande
Hoje mundo é muito grande
Porque Terra é pequena
Do tamanho da antena parabolicamará

Ê, volta do mundo, camará
Ê, ê, mundo dá volta, camará

Antes longe era distante
Perto, só quando dava
Quando muito, ali defronte
E o horizonte acabava
Hoje lá trás dos montes,
den' de casa, camará

Ê, volta do mundo, camará
Ê, ê, mundo dá volta, camará

De jangada leva uma eternidade
De saveiro leva uma encarnação

Pela onda luminosa
Leva o tempo de um raio
Tempo que levava Rosa
Pra aprumar o balaio
Quando sentia que o balaio ia escorregar

Ê, volta do mundo, camará
Ê, ê, mundo dá volta, camará

Esse tempo nunca passa
Não é de ontem nem de hoje
Mora no som da cabaça
Nem tá preso nem foge
No instante que tange o berimbau,
meu camará

Ê, volta do mundo, camará
Ê, ê, mundo da volta, camará
De jangada leva uma eternidade
De saveiro leva uma encarnação
De avião, o tempo de uma saudade

Esse tempo não tem rédea
Vem nas asas do vento
O momento da tragédia
Chico, Ferreira e Bento
Só souberam na hora do destino apresentar

Ê, volta do mundo, camará
Ê, ê, mundo dá volta, camará

Copyright © by GEGE EDIÇÕES MUSICAIS LTDA.
Brasil e América do Sul)/PRETA MUSIC (Resto do Mundo).
Todos os direitos reservados

Texto de apoio para o professor

"Parabolicamará" é uma composição de Gilberto Gil, de 1992, faixa-título do álbum lançado naquele ano. Como o cancionista explica no texto autoral que foi selecionado como documento 4 desta sequência de ensino, a canção tem como tônica a relação contraditória de convivência entre tradição e modernidade, tal como ela se apresenta na atualidade. Encontro contraditório traduzido na principal metáfora da letra: a tecnologia da antena parabólica, que ampliou sobremaneira o acesso à informação e a velocidade com a qual ela chega aos sujeitos, a par do vocativo tradicional das rodas de capoeira, "camará", que alerta para para as voltas que o mundo dá.

Musicalmente, a canção e a forma de interpretá-la são um ponto de capoeira, com roupagem timbrística MPB-Pop. Em termos melódicos, tem o toque de capoeira como levada básica – o que provoca no ouvinte as sensações de permanência e imutabilidade, associadas, normalmente, às tradições ancestrais. No arranjo da canção, o principal recurso para demarcar a contradição, que é tema da canção, é a convivência entre os timbres tradicionais da percussão e os sons da música eletrônica. A base permanente do toque do berimbau é acompanhada de um baixo (quase) contínuo; sobre ela, brincam ritmos africanos, marcados por uma percussão tradicional que, sampleada, quebra a sensação de imutabilidade. Os instrumentos tanto soam naturalmente, quanto alterados por pedais de efeitos, que lhes atribuem uma sonoridade mais mecânica, por vezes distorcida – algo típico da música eletrônica. A voz também é processada em alguns momentos e o teclado soa como um instrumento de sopro (uma alusão sonora à tradição).

Na letra, temas como o desenvolvimento tecnológico, o acesso à informação e a sensação de "aceleração do tempo" nos dias atuais são problematizados, em contraponto com a sobrevivência da forma de vida rural, do imponderável ("a tragédia") e dos sentimentos humanos, que a tecnologia não controla nem minimiza. A convivência de diferentes ritmos temporais nos dias atuais é uma constatação: o tempo que Rosa leva para aprumar o balaio é o mesmo da onda luminosa que traz a informação. Esse cotejamento de elementos ressalta a ambiguidade tradição/modernidade.

Assim como em "Cérebro eletrônico", nessa canção, Gilberto Gil ressalta as especificidades das relações e a intensidade dos sentimentos humanos – que muitos acreditavam que seriam esvaziados pela ação da tecnologia. Mas, em "Parabolicamará", a tensão não é a tônica dessa relação, como na outra canção. Tradição e modernidade se interpenetram, criando uma realidade múltipla, que tende à harmonia – bem traduzida na fusão vocabular do título, "parabolicamará", representada na imagem do "balaio de Rosa", que figura na capa e na contracapa do álbum.

Leituras de texto sobre o processo de composição (documento 4), de capa e contracapa do álbum (documento 5)

Solicite que os alunos leiam o texto, em comparação com as imagens. Ambos são "traduções" do conceito da canção "Parabolicamará". O texto, de autoria do próprio Gilberto Gil, o faz a partir da narrativa do processo criativo. Ali, ele explicita quais são as referências que utilizou na canção: a invenção concretista do título e as diferentes temporalidades com as quais operou (tempo existencial, tempo cronológico, tempo subatômico e tempo-corte). As imagens de capa e contracapa do álbum o fazem por meio da representação gráfica: a imagem do "cesto de Rosa", o balaio artesanal que representa a antena parabólica. A leitura desses textos com os alunos, após a primeira audiência da canção e de um diálogo sobre os elementos que compõem letra, melodia e arranjo, pode facilitar a compreensão da relação entre tradição e modernidade apresentada pelo cancionista.

Documento 4

Gilberto Gil

Eu queria fazer uma canção falando dos contrastes entre o rural e o urbano, o artesanal e o industrial, usando um linguajar simples, típico de comunidades rudimentares, e uma cadência de roda de capoeira. Aí, compondo os primeiros versos, quando me ocorreu a palavra "antena" – seguida de "parabólica" – para rimar com "pequena", eu pensei em "camará" [palavra usada comumente nas cantigas de capoeira como vocativo] para completar a linha e a estrofe. Como "parabólica camará" dava um cacófato, eu cortei uma sílaba "ca" e fiz a junção das palavras, criando o vocábulo "parabolicamará". Uma verdadeira invenção concretista: uma concreção perfeita em som, sentido e imagem. Nela, como um símbolo, vinham-me reveladas todas as interações de mundos que eu queria fazer. Aí se tornou irrecusável prosseguir e, mais, fazer daquilo um emblema do conceito, não só da canção, mas de todo o disco (*Parabolicamará*).

Em "Parabolicamará" pus o tempo existencial, psíquico, em contraposição ao tempo cronológico – a eternidade, a encarnação e a saudade à jangada e ao saveiro, e estes dois ao avião –, para insinuar o encurtamento do tempo-espaço provocado pelo aumento da rapidez dos meios de comunicação física e mental do mundo-tempo moderno e das velocidades transformadoras em que vivemos. Pus também o tempo subatômico, da partícula, da subfração de tempo: do átomo de tempo – cuja imagem mais representativa é exatamente a correção equilibradora que a Rosa faz com o balaio. E pus o *tempo da morte, o tempo-corte, o tempo que corta, ceifa, o tempo-foice, onde alguma coisa é e de repente foi-se*, lembrando – na citação dos caymmianos Chico, Ferreira e Bento – a morte do meu filho: a situação, segundo se imagina, de ele meio sonolento no volante do carro sendo subitamente assaltado pelo evento acidental que o levaria à morte. [Aqui, o cancionista refere-se à morte de seu filho, Pedro Gil, em um acidente de automóvel ocorrido em 1990.]

(GIL, 1996, p. 337)

Documento 5

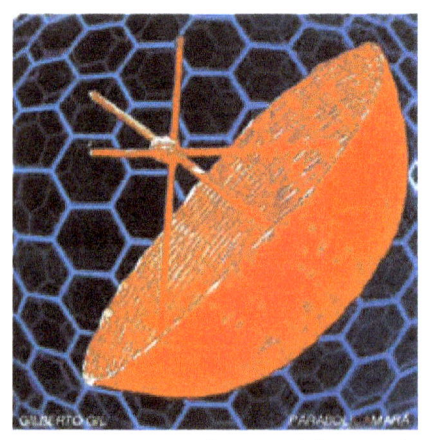

Capa e contracapa do álbum *Parabolicamará*, de Gilberto Gil. Warner Music, 1992.

Atividade 3: **Cotejamento das duas canções**

Retome a discussão realizada anteriormente sobre as canções "Cérebro eletrônico" e "Parabolicamará", relacionando-as diretamente ao tema desta sequência de ensino. Discuta com os alunos as seguintes questões, a fim de problematizar o tema em estudo: pode-se dizer que o homem domina a máquina ou vice-versa? Tecnologia é sinônimo de evolução? As relações de trabalho alteram-se em função do desenvolvimento tecnológico? As novas tecnologias produzem novos sentimentos e novas formas de percepção do tempo? As novas tecnologias monopolizam as relações de trabalho no mundo contemporâneo? O acesso mais rápido à informação tende a diminuir as distâncias entre as pessoas?

Proponha que os alunos escrevam um parágrafo comparando as visões apresentadas em cada uma das canções (apontando diferenças e semelhanças) acerca da relação entre o homem, a tecnologia da informática e o acesso à informação.

Desenvolvimento da narrativa de ensino

Atividade 4: **Aulas expositivas dialogadas**

Retomar o conteúdo discutido a partir das canções de Gilberto Gil e apresentar para os alunos o problema histórico do qual trata essa sequência de ensino: como as relações de trabalho vêm se modificando, a partir da segunda metade do século XX, com o desenvolvimento acelerado das tecnologias de produção e veiculação de informações?

Apresente uma exposição sobre o desenvolvimento tecnológico na segunda metade do século XX, refletindo sobre os seguintes aspectos: o impulso da Segunda Guerra Mundial às pesquisas sobre tecnologia; a reorganização da indústria e do setor de serviços no pós-guerra; o desenvolvimento de novas tecnologias para produção e veiculação de informações, nos diversos setores produtivos; o surgimento de novas demandas para os profissionais das mais diferentes áreas; o surgimento de novas profissões, para atender às necessidades nascentes; ampliação da noção legal de "direitos de cidadania", derivada dos estágios de desenvolvimento tecnológico do mercado mundial; novas formas de organização dos trabalhadores, para lidar com as pressões dos setores produtivos aos quais estão vinculados.

Atividade 5: **Leitura do texto
"O que fazer com tanta informação?"**

Solicite que os alunos leiam o texto "O que fazer com tanta informação?" (documento 6), como um primeiro impulso para o trabalho de pesquisa, que será proposto a seguir, sobre as profissões contemporâneas. O texto é curto e tem linguagem relativamente simples, típica de páginas de internet; portanto, pode ser lido e analisado em uma aula. Além de analisar a diferenciação que o autor propõe para os conceitos de "dado", "informação" e "conhecimento", pode-se propor uma questão que sensibilizará os alunos para a pesquisa que será proposta a seguir: será que existe uma única área de atuação para o que o autor chama de "trabalhador de conhecimento"?

Documento 6

O que fazer com tanta informação?
Werner K. P. Kugelmeier
Como transformar informação em ação e negócio

Para contextualizar melhor o nosso tema, vamos lembrar de fatos como:

O mundo produz anualmente o mesmo volume de informações que a humanidade levou 40 mil anos para acumular.

Nos últimos 25.000 anos – contados apenas até o ano 2002 – a humanidade gerou um volume de informações escritas equivalente a 5 hexabytes (um hexabyte equivale a um bilhão de gigabytes, unidade de medida gigantesca para o armazenamento de dados). De lá até 2006, ou seja, em um intervalo de quatro anos, produziu mais de 160 hexabytes. A previsão para 2010 é que o montante produzido supere 900 hexabytes.

Consequência: hoje produzimos mais informações do que somos capazes de sintetizar; ou seja, um dos maiores problemas que enfrentamos hoje não é a falta, mas o excesso de informações disponíveis.

Ciente de que as organizações estão se diferenciando umas das outras pelo que sabem, faz com que os gestores empresariais pensem sobre a informação que possuem relacionadas ao seu negócio.

Para aprofundar o assunto, é bom contextualizar "informação" entre "dado" e "conhecimento", no ambiente da Tecnologia da Informação – TI.

Para que servem os dados?

Sabemos que os computadores armazenam apenas dados em seus arquivos.

Quando verificamos o conteúdo desses arquivos de computador (por meio de telas ou relatórios), o que obtemos são apenas conjuntos de dados, em um formato de sequência s que formam palavras, desenhos, mapas, imagens, etc.; ou seja, dados em si não têm relevância, não fornecem interpretação, nem qualquer base "inteligente" para a tomada de decisão. Dados são (apenas) a matéria-prima para a criação da informação.

Um dado só se torna informação quando existe um contexto para que ele faça algum sentido para as pessoas. Esses dados podem estar relacionados com as informações de mercado e posicionamento da empresa até os processos das diversas áreas da empresa.

Informação – para quê?

A informação que extraímos desse conjunto de dados está diretamente ligada à nossa capacidade de relacionar esses dados com o que está armazenado em nosso cérebro. Portanto, a informação exerce um impacto sobre a avaliação na cabeça da pessoa, ao contextualizar os dados; por exemplo, a frase "quase 100% acreditam que a TI é importante para a educação" é uma informação, ou seja, um dado estruturado que tem seu significado dentro do contexto Educação.

Portanto, só obtemos alguma informação quando conseguimos interpretar, analisar e relacionar esses dados. Um relatório cheio de números pode não trazer qualquer informação para mim, mas pode carregar informações valiosas para quem souber interpretá-los, avaliar o seu conteúdo implícito e relacioná-los com outros dados. Esse é o processo básico para a obtenção de informações.

[...]

Sumarizando, informação é um conjunto de dados estruturados, com significado, contextualizados, interpretados e compreendidos.

Conhecimento – e agora?

Com base nas informações, a pessoa atualiza o seu conhecimento sobre o assunto, ou seja, acrescenta, altera, confirma ou nega a existência de relacionamentos. O conhecimento é a ação, aquilo que a pessoa faz quando utiliza as informações, seja para tomar decisões, resolver problemas ou gerar ideias.

A principal atividade para a construção de "inteligência" em torno da informação dos negócios é a capacidade de análise, síntese e conversão da informação em conhecimento.

Mas apenas "saber" sobre alguma coisa não proporciona, por si só, maior poder de competição para uma organização. Somente aliado a sua gestão é que ele faz a diferença.

O conhecimento só pode ser acessado através da colaboração daqueles que detêm o conhecimento.

Se houver consenso de que uma das características que mantém a empresa competitiva é o grau de seu conhecimento, a empresa deve pensar na implementação de um processo que preserve o conhecimento essencial. A empresa sempre irá depender dos seus colaboradores para a aplicação correta desses conhecimentos, mas não pode ficar na dependência deles.

Se levarmos em consideração que, em 2020, o conhecimento estará duplicando a cada 83 dias (atualmente, já duplica a cada 4 anos), ficará clara a necessidade de gerenciá-lo.

[...]

Qual é o papel do "trabalhador de conhecimento" (knowledge worker) – o profissional mais destacado no futuro, segundo Bill Gates?

O Trabalhador do Conhecimento analisa dados e informações, relaciona dados e informações com os seus conhecimentos globais do negócio e sua especialização na área de atuação, comunica-se intensamente com o seu time e utiliza o conhecimento de todos na busca inovação e resultado.

(KUGELMEIER, 2010)

Aplicação dos novos conhecimentos

Atividade 6: **Pesquisa em grupos**

Divida a turma em grupos, de acordo com as afinidades de projetos profissionais que os alunos apresentem (área em que atuam e/ou pretendem atuar). Solicite que cada grupo realize uma pesquisa sobre o seguinte tema: Para um mundo de informação em excesso, novas profissões ou novas capacidades?

Partindo de um roteiro de orientação produzido pelo professor, os grupos devem buscar respostas para algumas questões sobre a área de atuação profissional que escolheram pesquisar. Algumas sugestões: 1) Quais são os diversos profissionais que atuam nessa área? 2) Quais dessas profissões são "novas", surgidas do desenvolvimento tecnológico e de algumas demandas do mundo contemporâneo? 3) Para as profissões "antigas", há novas demandas e exigências de formas de atuação no trato com a produção e a circulação da informação? 4) O que é ser um "trabalhador do conhecimento" nessa área de atuação?

As pesquisas devem ser feitas em diversas fontes: bibliografia (artigos de periódicos de grande circulação e especializados); internet; entrevistas com profissionais da área; visitas a empresas e cursos de formação da área; etc.

Atividade 7: **Seminário**

Oriente os grupos na montagem de uma apresentação com os dados de pesquisa, a fim de socializar o resultado final com a turma. Depois de todas as apresentações, o professor deverá sistematizar os dados de pesquisa de todos os grupos, comparando-os entre si e buscando traçar um panorama das novas profissões e das novas capacidades que se exige dos profissionais, em diferentes áreas de atuação. Finalmente, é recomendável que o professor proponha uma reflexão sobre as transformações nas relações de trabalho e o desenvolvimento das tecnologias de produção e veiculação de informações no mundo contemporâneo.

Reflexão sobre o que foi apreendido

Atividade 8: **Produção de videoclipes**

Faça uma retrospectiva, em aula expositiva dialogada com os alunos, buscando retomar os objetivos de cada uma das atividades realizadas na sequência de ensino. Proponha aos alunos que retomem a reflexão inicial sobre as concepções apresentadas pelo cancionista Gilberto Gil acerca da relação entre o homem, a tecnologia da informática e o acesso à informação do mundo contemporâneo. Finalmente, proponha que os mesmos grupos que realizaram a pesquisa anterior produzam um videoclipe para cada uma das canções, apresentando sua visão sobre as concepções apresentadas nas canções.

Oriente os alunos na produção do videoclipe (se possível, em conjunto com os professores de Arte e/ou Informática), chamando a sua atenção para:

1) Um videoclipe não é, necessariamente, uma sequência de imagens que representem literalmente a mensagem da letra da canção à qual se refere. Ele pode ser exatamente o contrário disso – uma sequência de imagens contrastantes com o conteúdo apresentado na canção –, se a intenção de seus produtores for criar um novo conteúdo, problematizando a mensagem de referência.

2) Os videoclipes que eles produzirão devem ter caráter crítico e não mercadológico, como a maioria das produções desse tipo que eles conhecem. É necessário, portanto, que eles consigam expressar, na sequência de imagens que escolherão, a sua própria opinião sobre o conteúdo da canção – concordando com ela ou discordando dela.

3) As produções deverão ser feitas de acordo com os recursos técnicos disponíveis, não sendo necessário realizar filmagens ou utilizar programas complexos. Para o objetivo da atividade, importa mais o conteúdo crítico apresentado do que a qualidade formal do produto final.

INDICAÇÕES DE FILMES

Documentários

A MÚSICA segundo Tom Jobim. **Direção: Nelson Pereira dos Santos. [S.l.]: Sony Pictures, 2011. 88 min., color.**

Partindo da ideia de que o universo musical de Tom Jobim não cabe em palavras, o filme aborda a trajetória musical do "maestro soberano" por meio de uma sucessão de performances suas, bem como de grandes intérpretes nacionais e internacionais. Sem palavras, o roteiro é todo baseado nas canções de Jobim, apresentando sua personalidade musical e as diferentes fases de sua obra, tomando como recurso central de narrativa o prazer de fruição do espectador.

AS BATIDAS do samba. **Direção: Bebeto Abrantes. [S.l.]: Distribuição independente, 2011. 82 min., color.**

O roteiro, conduzido por mestres do samba – como **Marçalzinho, Monarco e Wilson das Neves** –, tem como eixo o desenvolvimento da batida do samba carioca ao longo do século XX. A evolução do ritmo é abordada tomando como referências a introdução de novos instrumentos, as transformações na levada e um conjunto de fatores histórico-sociais responsáveis pela universalização do samba.

AS CANÇÕES. **Direção: Eduardo Coutinho. São Paulo: Spectateur Comércio e Gerenciamento, 2011. 92 min., color.**

Homens e mulheres anônimos cantam as músicas que marcaram suas vidas, narrando episódios nos quais elas foram protagonistas. Documentário interessante para se refletir sobre o papel da canção popular brasileira na construção das memórias individuais e coletivas dos ouvintes, bem como sobre as diferentes formas de apropriação desse produto cultural.

AS CANÇÕES do exílio: uma labareda lambeu tudo. Direção: Geneton Moraes Neto. [S.l.]: Canal Brasil, 2010. 150 min., color.

O tema desse documentário é a saga de Caetano Veloso e Gilberto Gil durante a prisão, o exílio forçado em Londres pela Ditadura Militar e o retorno ao Brasil. Além de depoimentos de época, colhidos pelo próprio diretor, apresenta entrevistas contemporâneas com os artistas, além de Jorge Mautner e Jards Macalé, que conviveram com eles no exílio. A narração é de Paulo César Pereio.

BASTIDORES. Direção: Roberto de Oliveira. Direção de Produção: Celso Tavares. Produção: André Arraes, Jorge Machado e Jorge Saad Jafet. Direção de fotografia: João Wainer. Documentação e pesquisa: Sueli Valente. Música: Canções de Chico Buarque. EMI Music Brasil Ltda. (sob licença exclusiva da R.W.R.), c2005. 1 DVD (73 min.), color.

Músicas e textos para teatro são o tema desse documentário, o sexto de uma série (de doze) que narra a trajetória de Chico Buarque, em suas diferentes frentes de ação e temáticas centrais. Nesse filme, o artista revisita seus principais trabalhos para teatro e comenta a produção de obras como *Roda viva*, *Calabar*, *Gota d'água*, *Ópera do malandro* e *Grande circo místico*.

BOTINADA: a origem do punk no Brasil. Direção: Gastão Moreira. [S.l.]: ST2, 2006. 110 min., color.

Documentário que narra a história do início do movimento punk no Brasil (entre 1976 e 1984), combinando entrevistas e imagens da época raras e inéditas. Pode ser compreendido como uma espécie de documento de identidade de um grupo.

CANTORAS do rádio. Direção: Gil Baroni e Marcos Avellar. Porto Alegre: Panda Filmes, 2008. 85 min., color.

O filme trata de passagens da Era de Ouro, entre as décadas de 1930 e 1950, quando o rádio se consolidou como o veículo de massas no

Brasil. A condução é feita pelo show Estão Voltando as Flores, com direção e roteiro de Ricardo Cravo Albin, cujas intérpretes foram expoentes daquele período: Carmélia Alves, Carminha Mascarenhas, Violeta Cavalcanti e Ellen de Lima.

CARTOLA: música para os olhos. **Direção: Lírio Ferreira e Hilton Lacerda. São Paulo: Europa Filmes, 2006. 85 min., color.**

O documentário trata da produção musical de Cartola, ampliando o espectro da obra do sambista. Em grande medida, tomando como tema uma trajetória individual, reconstrói a cultura de uma época. O roteiro combina gravações atuais em locações do Rio de Janeiro com vasto material de arquivo, apresentando testemunhos de artistas da música popular brasileira, críticos e historiadores.

COISA mais linda: história e casos da bossa nova. **Direção: Paulo Thiago. [S.l.]: Columbia Pictures do Brasil, 2005. 126 min., color.**

Narrativa histórica sobre a bossa-nova, construída a partir de entrevistas com alguns de seus nomes de maior destaque, especialmente Carlos Lyra e Roberto Menescal. Além de histórias de bastidores, apresenta gravações atuais e de época das canções bossa-novistas.

DAQUELE instante em diante. **Direção: Rogério Velloso. São Paulo: Itaú Cultural; Movieart, 2011. 98 min., color.**

O documentário percorre a trajetória musical de Itamar Assumpção (1949-2003), desde os anos da vanguarda paulista, na década de 1980, até a sua morte. Reúne depoimentos de pessoas próximas ao artista e uma seleção de imagens de arquivos particulares, tanto de momentos de intimidade, quanto de performances marcantes.

FABRICANDO Tom Zé. **Direção: Décio Matos Jr. Rio de Janeiro: Filmes do Estação, 2006. 90 min., color.**

O documentário trata da história de vida de Tom Zé: as primeiras canções, o povo e a vida no interior da Bahia; os estudos de música na universidade; a participação no movimento tropicalista e a vitória festivalesca de "São Paulo, meu amor"; o esquecimento dos anos

1970 e a redescoberta na década seguinte; a projeção internacional. Como fio condutor, um sujeito fiel aos seus princípios.

FILHOS de João: o admirável mundo novo baiano. Direção: Henrique Dantas. São Paulo: Pipa Filmes, 2009. 76 min., color.

O documentário narra a história do grupo musical Novos Baianos, compreendendo a visita de João Gilberto ao sítio onde vivia o grupo como uma espécie de "paternidade musical" de sua produção. Aborda o cenário musical de finais da década de 1960 e início de 1970, época em que o grupo surgiu e explodiu nacionalmente.

HERBERT de perto. Direção: Roberto Berliner e Pedro Bronz. [S.l.]: Imagem Filmes, 2009. 60 min., color.

O documentário narra a trajetória de Herbert Vianna, líder da banda Os Paralamas do Sucesso, uma das principais bandas do rock nacional surgida nos anos 1980. O documentário é conduzido por conversas e vídeos da carreira, com os quais o artista se confronta, além de depoimentos de parceiros de banda, amigos e pessoas que lhe são próximas.

MARIA Bethânia: música é perfume. Direção: Georges Gachot. França; Suíça: Idéale Audience, 2005. 82 min., color.

O filme é uma reflexão sobre o processo criativo da intérprete Maria Bethânia, cotejado com o processo de formação da MPB. Aborda seu surgimento na cena nacional, no espetáculo engajado *Opinião*, em meados dos anos 1960, sua condição de "musa da contracultura" e a construção de uma carreira sólida, como uma das mais cultuadas cantoras nacionais. O roteiro é uma espécie de paralelo entre a sua vida e as transformações sociais ocorridas no Brasil ao longo desses anos.

O HOMEM que engarrafava nuvens (Humberto Teixeira). Direção: Lírio Ferreira. Rio de Janeiro: Filmes do Estação, 2008. 106 min., color.

O documentário apresenta a trajetória musical de Humberto Teixeira, um compositor prolífico e coautor de clássicos como "Asa Branca" e "Maria Fulô", mas desconhecido do grande público. O roteiro é construído em torno da busca de Denise Dummont, sua filha, por conhecer seu pai. Pretende ser uma redescoberta de Teixeira e do próprio baião, gênero que ele ajudou a reinventar.

O INÍCIO, o fim e o meio (Raul Seixas). **Direção: Walter Carvalho. [S.l.]: Paramount Pictures, 2011. 120 min., color.**
Retratando as diversas facetas de Raul – homem, parceiro musical, marido e artista de sucesso –, o documentário tem a intenção de explicar o poder de comunicação das músicas de Raul Seixas com um grande e fiel público. Aborda temas diversos: rock'n'roll, amor livre, sociedade alternativa, drogas, magia negra, Ditadura Militar, família. Na história desse artista, nada linear, misturam-se o início, o fim e o meio.

O MISTÉRIO do samba. **Direção: Carolina Jabor e Lula Buarque de Hollanda. Rio de Janeiro: VideoFilmes, 2008. 88 min., color.**
O longa-metragem retrata o cotidiano e as histórias da Velha Guarda da Portela, a partir de pesquisa realizada por Marisa Monte, recuperando composições dos anos 1940 e 1950 ainda não gravadas. O roteiro é conduzido pelo cotidiano simples dos senhores e senhoras do bairro Oswaldo Cruz, na Zona Oeste do Rio de Janeiro, buscando compreender como a poesia e a musicalidade que encantam o público se constrói e ganha sentidos. Imagens históricas e entrevistas, com os protagonistas dessa história e com artistas que os tomam como referências, revelam preciosidades, como canções que nunca haviam sido registradas.

ONDE a coruja dorme (Bezerra da Silva). **Direção: Márcia Derraik e Simplício Neto. [S.l.]: Distribuição independente, 2010. 72 min., color.**
Apresentado pela crítica como "sambandido", Bezerra da Silva ganhou fama nacional nos anos 1980, no contexto de explosão do pagode na indústria fonográfica. O documentário apresenta sua música, composta de crônicas cáusticas e bem humoradas sobre o cotidiano das favelas cariocas. Busca, ainda, explicar a razão de seu sucesso, apresentando a equipe de compositores que ele escolheu cuidadosamente para cantar: trabalhadores anônimos que tratam do universo da malandragem carioca.

PALAVRA (en)cantada. Direção: Helena Solberg. Rio de Janeiro: Radiante Filmes, 2009. 86 min., color.

O longa-metragem trata da história do cancioneiro brasileiro, com um enfoque na relação entre poesia (letra) e música. Conduzido por entrevistas com artistas contemporâneos, o documentário trata da diversidade de referências culturais da música popular brasileira: poetas provençais, *rappers*, literatura de cordel, carnaval de rua, poetas do morro e do asfalto, bossa-nova, Tropicalismo, entre tantos outros. Apresenta, ainda, performances musicais memoráveis e grande pesquisa de imagens.

PAULINHO da Viola: meu tempo é hoje. Direção: Izabel Jaguaribe. Rio de Janeiro: VideoFilmes, 2003. 86 min., color.

O filme aborda a trajetória artística de Paulinho da Viola e é conduzido pelo próprio artista, que apresenta mestres, amigos e influências musicais, bem como sua rotina peculiar e discreta. Roteirizado por Zuenir Ventura, além de apresentar um perfil afetivo do cancionista, o filme desenvolve uma reflexão sobre o sentido do tempo, tema constante de suas composições, costurada por encontros musicais memoráveis e passeios pelo Rio de Janeiro.

ROCK Brasília: era de ouro. Direção: Vladimir Carvalho. Rio de Janeiro: Downtown Filmes, 2011. 111 min., color.

O documentário traça a trajetória do cenário do rock de Brasília na década de 1980, desde a história das primeiras bandas até o momento em que grupos como Legião Urbana, Capital Inicial e Plebe Rude despontaram nacionalmente.

SIMONAL: ninguém sabe o duro que dei. Direção: Cláudio Manoel, Micael Langer e Calvito Leal. Rio de Janeiro: Riofilme, 2009. 86 min., color.

O filme trata da trajetória do cantor Wilson Simonal, lançado no meio artístico por Carlos Imperial. Aborda sua trajetória de sucesso nos anos 1960, como grande vendedor de discos e atração em programas de auditório e grandes shows, até o início da década de

1970, quando caiu no ostracismo, acusado de ser informante da Ditadura Militar.

TITÃS: a vida até parece uma festa. **Direção: Branco Mello e Oscar Rodrigues Alves. [S.l.]: Moviemobz, 2008. 100 min., color.**
A partir de filmagens realizadas no cotidiano do grupo durante mais de duas décadas por um de seus membros, Branco Mello, o documentário aborda a trajetória musical de uma banda de rock nacional de grande sucesso e longevidade. Pode ser compreendido como um documento de identidade de um grupo, construído com base na irreverência, que é uma de suas marcas, a partir do tratamento de temas diversos, como o envolvimento com drogas, o início *underground* em São Paulo, shows e canções de sucesso, bastidores de gravações e viagens, e alterações nas configurações da banda.

UMA NOITE em 67. **Direção: Renato Terra e Ricardo Calil. Rio de Janeiro: VideoFilmes, 2010. 93 min., color.**
O documentário convida o espectador a (re)viver a final do III Festival da Música Popular Brasileira, da TV Record (1967), que mudou os rumos da MPB. Apresentando imagens de época e depoimentos atuais dos artistas que construíram aquele momento, o filme revela histórias de bastidores, apresenta performances históricas, problematiza as disputas internas (políticas e estéticas) dos festivais e mostra como eles foram uma grande produção no seio da indústria televisiva.

VINICIUS. **Direção: Miguel Faria Jr. [S.l.]: UIP, 2005. 110 min., color.**
O documentário é uma narrativa sobre a trajetória de Vinícius de Moraes, construída a partir de entrevistas de seus parceiros, familiares e amigos, entremeada com cenas de uma espécie de sarau feito em homenagem ao "poetinha".

VOU rifar meu coração. **Direção: Ana Rieper. [S.l.: s.n.], 2011. 76 min., color.**
O documentário trata do imaginário romântico, erótico e afetivo brasileiro a partir da chamada "canção brega". Reflete sobre o sentido

de crônicas do cotidiano de canções de artistas como Agnaldo Timóteo, Waldick Soriano, Nelson Ned, Amado Batista, Peninha, Walter de Afogados e Wando, entre outros. O roteiro relaciona as canções às histórias da vida amorosa de anônimos, tratando da intimidade construída no cotidiano de "pessoas comuns".WALDICK, sempre no meu coração. Direção: Patricia Pillar. Rio de Janeiro: Pequena Central, 2008. 58 min., color.

O documentário trata da história de vida de um dos maiores nomes da canção brega brasileira, Waldick Soriano, acompanhando-o em uma visita à sua terra natal – Caetité, no sertão baiano. Com depoimentos do artista, de figuras que lhe foram próximas e de conterrâneos, trata da sua trajetória de vida, do anonimato ao estrelato, buscando apreender os sentidos de sua obra pela abordagem de temas diversos: decepções amorosas, situação familiar, as temáticas das canções e a solidão.

Documentos de época

PROGRAMA Ensaio TV Cultura: Cartola com Leci Brandão, 1974. Série Ensaios. Diretor: Fernando Faro e Fernando Bôscoli. [S.l.]: Trama, [s.d.]. 58 min., p&b.

PROGRAMA Ensaio TV Cultura: Chico Buarque, 1973. Diretor: Fernando Faro. Rio de Janeiro: Biscoito Fino, 1994. 85 min., p&b.

PROGRAMA Ensaio TV Cultura: Elis Regina, 1973. Série Ensaios. Diretor: Fernando faro e João Marcello Bôscoli. [S.l.]: Trama, [s.d.]. 90 min., p&b.

PROGRAMA Ensaio TV Cultura: Nara Leão, 1973. Diretor: Fernando Faro. Rio de Janeiro: Biscoito Fino, 2006. 117 min., p&b.

PROGRAMA Ensaio TV Cultura: Tim Maia, 1992. Série Ensaios. Diretor: Fernando Faro e João Marcello Bôscoli. [S.l.]: Trama, 2005. 57 min., color.

REFERÊNCIAS DE PESQUISA

Livros e artigos

ABDALA JR., Roberto. *Memórias da Ditadura Militar e os "rebeldes" anos 80*. 2009. 358 f. Tese (Doutorado em História) – Faculdade de Filosofia e Ciências Humanas, Universidade Federal de Minas Gerais, Belo Horizonte, 2009.

ABREU, Martha; SOIHET, Rachel (Orgs.). *Ensino de História: conceitos, técnicas e metodologia*. Rio de Janeiro: Casa da Palavra, 2003.

ABUD, Kátia Maria. Registro e representação do cotidiano: a música popular na aula de História. *Caderno Cedes*, Campinas, v. 25, n. 67, p. 309-317, set./dez. 2005. Disponível em: < http://www.scielo.br/pdf/ccedes/v25n67/a04v2567.pdf>. Acesso em: 5 out. 2010.

AGUIAR JR., Orlando. *O planejamento de ensino*. Projeto de Desenvolvimento Profissional de Educadores, Módulo II. Belo Horizonte: Secretaria de Estado de Educação de Minas Gerais, 2005.

ALBUQUERQUE JR., Durval Muniz de. *A invenção do nordeste e outras artes*. São Paulo: Cortez, 2011.

ARAÚJO, Paulo César de. Entrevista. In: Blog *O Esquema*. 2003b. Disponível em: <http://www.oesquema.com.br/trabalhosujo/2003/10/24/paulo-cesar-de-araujo.htm>. Acesso em: 2 fev. 2012.

ARAÚJO, Paulo Cesar de. *Eu não sou cachorro, não: música popular cafona e ditadura militar*. Rio de Janeiro: Record, 2003a.

AZEVEDO, Carlos. *Jornal Movimento: uma reportagem*. Belo Horizonte: Manifesto, 2011. (Acompanha DVD com as 344 edições do jornal).

BAHIANA, Ana Maria. *Nada será como antes: MPB anos 70 – 30 anos depois*. Rio de Janeiro: Editora Senac Rio, 2006.

BAHIANA, Ana Maria. Paixão e fé. *Movimento*, Rio de Janeiro, n. 3, p. 24, 21 jul. 1975.

BITTENCOURT, Circe Maria Fernandes. *Ensino de História: fundamentos e métodos*. São Paulo: Cortez, 2004. (Docência em Formação).

BLOCH, Marc. *Apologia da História ou o ofício de historiador*. Rio de Janeiro: Jorge Zahar, 2001.

BOSCHI, Caio César. *Porque estudar História?* São Paulo: Ática, 2007.

BORGES, Maria Eliza Linhares. *História & fotografia*. Belo Horizonte: Autêntica, 2003. (História e Reflexões).

BUARQUE, Chico; GUERRA, Ruy. *Calabar, o elogio da traição*. 5. ed. Rio de Janeiro: Civilização Brasileira, 1974. (Teatro Hoje, 24).

CALDAS, Dulce Tupy. Maravilhas contemporâneas (o segundo LP de Luiz Melodia). *Movimento*, Rio de Janeiro, n. 44, p. 18, 3 maio 1976.

CERRI, Luis Fernando. *Ensino de história e consciência histórica*: implicações didáticas de uma discussão contemporânea. Rio de Janeiro: Editora FGV, 2011.

CHARTIER, Roger. *À beira da falésia: a história entre incertezas e inquietude*. Tradução de Patrícia Chittoni Ramos. Porto Alegre: Editora UFRGS, 2002.

CONTIER, Arnaldo Daraya. O rap brasileiro e os Racionais MC's. In: SIMPÓSIO INTERNACIONAL DO ADOLESCENTE, 1., 2005, São Paulo. *Anais...* São Paulo: Faculdade de Educação da Universidade de São Paulo, 2005. Disponível em: <http://www.proceedings.scielo.br/scielo.php?script=sci_arttext&pid=MSC0000000082005000100010&lng=en&nrm=iso>. Acesso em: 2 fev. 2012.

CRUZ, Mônica de Souza Alves da. *O processo de censura à peça teatral Calabar*. 2002. 51 f. Monografia (Bacharelado em História) – Centro de Filosofia e Ciências Sociais, Universidade Federal do Rio de Janeiro, Rio de Janeiro, 2005.

DARNTON, Robert. O que é a história do livro? (revisitado). *ArtCultura*, Uberlândia, v. 10, n. 10, p. 155-169, jan.-jun. 2008.

DAPIEVE, Arthur. *BRock: o rock brasileiro dos anos 80*. São Paulo: Editora 34, 2000.

DE MARCHI, Leonardo. *Indústria fonográfica independente brasileira: debatendo um conceito.* [s.d.]. Disponível em: <http://www.labmundo.org/disciplinas/Leonardo_De_Marchi.pdf>. Acesso em: 2 jan. 2012.

DIAS, Marcia Tosta. *Os donos da voz*: Indústria fonográfica brasileira e mundialização da cultura. 2. ed. São Paulo: Boitempo, 2008.

ERTZOGUE, Marina Haizenreder; PARENTE, Temis Gomes (Orgs.). *História e sensibilidades*. Brasília: Paralelo 15, 2006.

FERREIRA, Fernando Pessoa. Por trás das obras-primas: Pelão, o produtor que lançou Nelson Cavaquinho, Adoniran Barbosa e Cartola. *Revista Brasileiros*, n. 22, maio 2009. Disponível em: <http://www.revistabrasileiros.com.br/edicoes/22/textos/583/>. Acesso em: 15 jan. 2012.

FERREIRA, Gustavo Alves Alonso. Simonal, ditadura e memória: do *cara que todo mundo queria* ser a bode expiatório. In: ROLLEMBERG, Denise; QUADRAT, Samantha Viz (Org.). *A construção social dos regimes autoritários – Brasil e América Latina*. Rio de Janeiro: Civilização Brasileira, 2011. v. 2. p. 175-218.

FICO, Carlos. "Prezada Censura": cartas ao regime militar. *Revista de História*, Rio de Janeiro, n. 5, p. 251-286, set. 2002. Disponível em: <http://www.ppghis.ifcs.ufrj.br/media/fico_prezada_censura.pdf>. Acesso em: 1 fev. 2012.

FONSECA, Selva Guimarães. *Caminhos da História ensinada*. Campinas: Papirus, 1993.

FONSECA, Thaís Nivia de Lima e. *História & ensino de História*. Belo Horizonte: Autêntica, 2003.

FRANÇA, Jamari. *Os Paralamas do Sucesso – Vamo batê lata*. São Paulo: Editora 34, 2003.

GARCIA, Luiz Henrique Assis. *Coisas que ficaram muito tempo por dizer: o Clube da Esquina como formação cultural*. 2000. 154 f. Dissertação (Mestrado em História) – Faculdade de Filosofia e Ciências Humanas, Universidade Federal de Minas Gerais, Belo Horizonte, 2000.

GARCIA, Luiz Henrique Assis. *Na esquina do mundo: trocas culturais na música popular brasileira através do Clube da Esquina (1960-1980)*. 2007. Tese (Doutorado em História) – Faculdade de Filosofia e Ciências Humanas, Universidade Federal de Minas Gerais, Belo Horizonte, 2007.

GARCIA, Miliandre. *Do teatro militante à música engajada: a experiência do CPC da UNE (1958-1964)*. São Paulo: Editora Fundação Perseu Abramo, 2007. (História do Povo Brasileiro).

GARCIA, Miliandre. O processo de censura de Calabar. In: XXIII SIMPÓSIO NACIONAL DE HISTÓRIA – HISTÓRIA: GUERRA E PAZ, 23., 2005, Londrina. *Anais...* Londrina: Editorial Mídia, 2005. p. 361.

GARCIA, Miliandre. *"Ou vocês mudam, ou acabam": teatro e política na ditadura militar*. 2008. 420 f. Tese (Doutorado em História Social) – Instituto de Filosofia e Ciências Sociais, Universidade Federal do Rio de Janeiro, Rio de Janeiro, 2008.

GIUMBELLI, Emerson; NAVES, Santuza Cambraia; VALLADÃO, Júlio Cesar. *Leituras sobre música popular: reflexões sobre sonoridades e cultura*. Rio de Janeiro: 7 Letras, 2008.

GOMES, Jandynéa de Paula C. Canção popular e ensino de História: possibilidades e desafios. In: ENCONTRO ESTADUAL DE HISTÓRIA. HISTÓRIA E HISTORIOGRAFIA: ENTRE O REGIONAL E O NACIONAL, 13., 2008, Guarabira. *Anais...* Guarabira: ANPUH-PB, 2008. Disponível em: <http://www.anpuhpb.org/anais_xiii_eeph/textos/ST%2004%20-%20 Jandyn%C3%A9a%20de%20Paula%20C.%20Gomes%20TC.PDF>. Acesso em: 10 nov. 2011.

HERMETO, Miriam; NASCIMENTO, Adalson de Oliveira. *Orientações para a organização do referencial curricular: História*. Colaboração de Mateus Henrique de Faria Pereira. Cachoeiro de Itapemirim: Secretaria Municipal de Educação, 2006. Mimeografado.

KARNAL, Leandro. *História na sala de aula: conceitos, práticas e propostas*. São Paulo: Contexto, 2003.

KUGELMEIER, Werner K. P. *O que fazer com tanta informação?* 2010. Disponível em: <http://www.administradores.com.br/informe-se/artigos/o-que-fazer-com-tanta-informacao/45975/>. Acesso em: 2 fev. 2012.

LE GOFF, Jacques. *História e memória*. Campinas: Editora da Unicamp, 2003.

LIMA, Ricardo Alexandre de Freitas. *Ary Barroso e Edu Lobo – A exaltação de um povo nos ponteios do cancioneiro popular*. 2008. Dissertação (Mestrado em História) Faculdade de Filosofia e Ciências Humanas, Universidade Federal de Minas Gerais, Belo Horizonte, 2008.

MAYRINK, Geraldo. Canções da colônia. *Veja*, São Paulo, n. 272, p. 119, nov. 1973.

MELLO, Zuza Homem de. *A era dos festivais: uma parábola*. São Paulo: Editora 34, 2003.

MINAS GERAIS. Secretaria de Estado da Educação de Minas Gerais. *O mundo em que vivemos*. Módulo exemplar de História. Livro do aluno. Etapa B; exemplar 4. Belo Horizonte: SEEMG, 1998. Mimeografado.

MINISTÉRIO DA EDUCAÇÃO. *Orientações educacionais complementares aos Parâmetros Curriculares Nacionais – Ciências Humanas e suas Tecnologias*. Brasília: Secretaria de Educação Básica, 2006. v. 3.

MINISTÉRIO DA EDUCAÇÃO. *Matrizes curriculares de referência para o SAEB*. 2. ed. Brasília: Instituto Nacional de Estudos e Pesquisas Educacionais, 1999.

MINISTÉRIO DA EDUCAÇÃO. *Orientações educacionais complementares aos Parâmetros Curriculares Nacionais – Ciências Humanas e suas Tecnologias*. Brasília: MEC; Secretaria de Educação Básica, 2006.

MINISTÉRIO DA EDUCAÇÃO. *Parâmetros Curriculares Nacionais para o Ensino Fundamental*. Brasília: MEC; Secretaria de Educação Fundamental (SEF), 1997.

MINISTÉRIO DA EDUCAÇÃO. *Parâmetros Curriculares Nacionais para o Ensino Médio*. Brasília: MEC; Secretaria de Educação Média e Tecnológica (Semtec), 1999.

MINISTÉRIO DA EDUCAÇÃO. *Parâmetros Curriculares Nacionais para o Ensino Médio*. Brasília: MEC; Secretaria de Educação Média e Tecnológica (Semtec), 2002.

MOTTA, Nelson. *Noites tropicais: solos, improvisos e memórias musicais*. Rio de Janeiro: Objetiva, 2001.

MOURA, Roberto. *Tia Ciata e a pequena África no Rio de Janeiro*. Rio de Janeiro: Secretaria Municipal de Cultura, 1995. (Biblioteca Carioca; 32).

NAPOLITANO, Marcos. A historiografia da música popular brasileira (1970-1990): síntese bibliográfica e desafios atuais da pesquisa histórica. *ArtCultura*, Uberlândia, v. 8, n. 13, p. 137-150, jul./dez. 2006a.

NAPOLITANO, Marcos. *A síncope das idéias: a questão da tradição na música popular brasileira*. São Paulo: Editora Fundação Perseu Abramo, 2007. (História do Povo Brasileiro).

NAPOLITANO, Marcos. MPB: a trilha sonora da abertura política. *Estudos Avançados* (USP Impresso), v. 69, p. 389-404, 2010.

NAPOLITANO, Marcos. *Cultura brasileira: utopia e massificação (1950-1980)*. São Paulo: Contexto, 2004. (Repensando a História).

NAPOLITANO, Marcos. Fontes audiovisuais – A história depois do papel. In: PINSKY, Carla Bassanezi (Org.). *Fontes históricas*. São Paulo: Contexto, 2006b. p. 235-289.

NAPOLITANO, Marcos. *História & música popular*. Belo Horizonte: Autêntica, 2002. (História e Reflexões).

NAPOLITANO, Marcos. *Seguindo a canção: engajamento político e indústria cultural na MPB (1959-1969)*. São Paulo: Annablume; Fapesp, 2001b.

NAVES, Santuza Cambraia. *Canção popular no Brasil: a canção crítica*. Rio de Janeiro: Civilização Brasileira, 2010. (Contemporânea: Filosofia, Literatura e Artes).

NEY Matogrosso: trajetória. [s.d.]. Disponível em: <www2.uol.com.br/neymatogrosso/depoim09.htm>. Acesso em: 26 dez. 2011.

OS 100 MAIORES discos da Música Brasileira. *Revista Rolling Stone*, São Paulo, n. 13, p. 112, out. 2007.

RENNÓ, Carlos (Org.). *Gilberto Gil: todas as letras*. São Paulo: Companhia das Letras, 1996.

SOUZA, Tárik (Org.). *O som do Pasquim: grandes entrevistas com os astros da Música Popular Brasileira*. Rio de Janeiro: Codecri, 1976. p. 89-100.

PARANHOS, Adalberto. A música popular e a dança dos sentidos: distintas faces do mesmo. *Revista ArtCultura*, Uberlândia, v. 9, n. 9, p. 22-31, jul.-dez. 2004.

PEREIRA, Mateus Henrique de Faria; HERMETO, Miriam. O ensino de história entre o dever de memória e o trabalho de memória: representações da Ditadura Militar em livros didáticos de história. *LPH*, Ouro Preto, v. 19, n. 2, p. 93-142, 2009. Disponível em: <http://www.ichs.ufop.br/lph/images/stories/REVISTA_LPH_n_19_-_2.pdf>. Acesso em: 5 dez. 2011.

PESAVENTO, Sandra Jatahy. *História & história cultural*. Belo Horizonte: Autêntica, 2003. (História & Reflexões).

PINSKY, Carla Bassanezi (Org.). *Fontes históricas*. São Paulo: Contexto, 2006.

PINSKY, Carla Bassanezi; LUCA, Tânia Regina de (Orgs.). *O historiador e suas fontes*. São Paulo: Contexto, 2011.

PRETO, Marcus. Luiz Tati refuta o fim da canção em novo álbum. In: Blog *Conteúdo Livre*. 2010. Disponível em: <http://sergyovitro.blogspot.com.br/2010/04/luiz-tatit-refuta-o-fim-da-cancao-em.html>. Acesso em: 2 fev. 2012.

REIS FILHO, Daniel Aarão. Ditadura e sociedade: as reconstruções da memória. In: FICO, Carlos (Org.); ARAÚJO, Maria Paula (Org.). *Seminário 40 anos do golpe de 1964*. Rio de Janeiro: 7Letras, 2004. p. 119-139.

RIDENTI, Marcelo. Resistência e mistificação da resistência armada contra a ditadura: armadilhas para os pesquisadores. In: FICO, Carlos (Org.); ARAÚJO, Maria Paula (Org.). *Seminário 40 anos do golpe de 1964*. Rio de Janeiro: 7Letras, 2004. p. 140-150.

ROLLEMBERG, Denise; QUADRAT, Samantha Viz (Org.). *A construção social dos regimes autoritários*. Brasil e América Latina. Volume II. Rio de Janeiro: Civilização Brasileira, 2011.

SANTOS, Samuel Rodrigues dos. Multiletramentos e ensino de línguas. *Ao pé da letra*, UFPE, v. 11, p. 83-95, 2009.

SEFFNER, Fernando. Leitura e escrita na História. In: NEVES, Iara Conceição Bitencourt *et al*. (Orgs.). *Ler e escrever, compromisso de todas as áreas*. Porto Alegre: Editora da UFRGS, 2003. p. 107-120.

SEFFNER, Fernando. Teoria, metodologia e ensino de História. In: GUAZZELLI, Cesar Augusto Barcellos *et al*. *Questões da teoria e metodologia da História*. Porto Alegre: Editora da UFRGS, 2000. p. 257-288.

SEVERIANO, Jairo. *Uma história da música popular brasileira – Das origens à modernidade*. São Paulo: Editora 34, 2008.

SILVA, Edison Delmiro. Origem e desenvolvimento da indústria fonográfica brasileira. XXIV CONGRESSO BRASILEIRO DA COMUNICAÇÃO, 24., 2001, Campo Grande. *Anais...* Campo Grande: INTERCOM – Sociedade Brasileira de Estudos Interdisciplinares da Comunicação, 2001. Disponível em: <http://www.intercom.org.br/papers/nacionais/2001/papers/NP6SILVA.pdf>. Acesso em: 10 dez. 2011.

TATIT, Luiz. *O cancionista: composição de canções no Brasil*. 2. ed. São Paulo: EDUSP, 2002.

TATIT, Luiz. Revisão dos cem anos de canção brasileira. *Revista do Patrimônio Histórico e Artístico Nacional*. Olhar o Brasil, Rio de Janeiro, n. 29, p. 282-299, 2001.

TATIT, Luiz. *O século da canção*. Cotia: Ateliê Editorial, 2004.

TAVARES, Isis Moura; CIT, Simone. *Linguagem da música*. Curitiba: Ipbex, 2008. (Metodologia do Ensino de Artes, 6).

VIANNA, Hermano. *O mistério do samba*. Rio de Janeiro: Zahar; Editora UFRJ, 1995.

VIDAL, Erick de Oliveira. *As capas da bossa nova: encontros e desencontros dessa história visual (LPs da Elenco, 1963)*. 2008. 129 p. Dissertação (Mestrado em História) – Instituto de Ciências Humanas, Universidade Federal de Juiz de Fora, Juiz de Fora, 2008. Disponível em: <http://repositorio.ufjf.br:8080/jspui/bitstream/123456789/165/1/erickdeoliveiravidal.pdf>. Acesso em: 10 dez. 2011.

VILLALTA, Luiz Carlos. A história do livro e da leitura no Brasil Colonial: balanço historiográfico e proposição de uma pesquisa sobre o Romance. *Convergência Lusíada*, Rio de Janeiro, v. 21, p. 165-185, 2005. Disponível em: <http://www.caminhosdoromance.iel.unicamp.br/estudos/ensaios/livroeleitura.pdf>. Acesso em: 12 jan. 2012.

XEXÉO, Artur. *Duas cantoras entre tapas e beijos*. 2011. Disponível em: <http://oglobo.globo.com/cultura/xexeo/posts/2011/08/17/duas-cantoras-entre-tapas-beijos-399025.asp>. Acesso em: 6 mar. 2012.

ZABALA, Antônio. *Como trabalhar os conteúdos procedimentais em aula*. Porto Alegre: Artes Médicas, 1999.

Sites

Acervo Digital *Veja*. Apresenta um acervo com números da revista desde sua fundação, em 1968. Disponível em: <http://veja.abril.com.br/acervodigital/home.aspx>. Acesso em: 12 mar. 2012.

Associação Brasileira de Música Independente. Apresenta informações e notícias sobre a ABMI. Disponível em: <http://www.abmi.com.br>. Acesso em: 12 mar. 2012.

Associação Brasileira dos Produtores de Discos. Apresenta informações e notícias sobre o mercado fonográfico brasileiro. Disponível em: <http://www.abpd.org.br/>. Acesso em: 12 mar. 2012.

Censura Musical. Apresenta informações e documentos relativos à censura musical no Brasil. Disponível em: <http://www.censuramusical.com.br/>. Acesso em: 12 mar. 2012.

Chico Buarque. Site oficial de Chico Buarque, apresenta informações sobre sua carreira. Disponível em: <www.chicobuarque.com.br>. Acesso em: 12 mar. 2012.

Dicionário Cravo Albin da Música Popular Brasileira. Apresenta verbetes sobre música popular brasileira. Disponível em: <http://www.dicionariompb.com.br/>. Acesso em: 12 mar. 2012.

Enciclopédia Itaú Cultural de Teatro. Apresenta biografias de personalidades do teatro, informações sobre grupos e espetáculos, dentre outros. Disponível em: <http://www.itaucultural.org.br/aplicexternas/enciclopedia_teatro/index.cfm>. Acesso em: 12 mar. 2012.

Gilberto Gil. Site oficial de Gilberto Gil, apresenta informações, notícias, imagens e vídeos relacionados à sua carreira. Disponível em: <www.gilbertogil.com.br>. Acesso em: 12 mar. 2012.

Histórias de canções. Organizado por Wagner Homem, apresenta informações sobre a história de canções de Chico Buarque. Disponível em: <http://www.historiasdecancoes.com.br>. Acesso em: 12 mar. 2012.

Instituto Memória Musical Brasileira. Apresenta informações sobre o Instituto. Disponível em: <http://www.memoriamusical.com.br/>. Acesso em: 12 mar. 2012.

Instituto Moreira Salles. Apresenta informações e notícias sobre o IMS. Disponível em: <http://ims.uol.com.br>. Acesso em: 12 mar. 2012.

Luiz Lua Gonzaga. Reúne informações, notícias, letras de música, imagens e vídeos do artista. Disponível em: <http://www.luizluagonzaga.com.br/>. Acesso em: 12 mar. 2012.

Memória Globo. Disponibiliza informações, imagens e vídeos de produções da Rede Globo. Disponível em: <http://memoriaglobo.globo.com>. Acesso em: 12 mar. 2012.

MPB Net. Reúne informações e links para sites de músicos brasileiros. Disponível em: <http://www.mpbnet.com.br/>. Acesso em: 12 mar. 2012.

Museu da Canção. Apresenta informações, imagens e vídeos sobre música nacional e internacional. Disponível em: <http://museudacancao.multiply.com/>. Acesso em: 12 mar. 2012.

Museu da Imagem e do Som/Rio de Janeiro. Apresenta informações e notícias sobre o MIS-RJ. Disponível em: <http://www.mis.rj.gov.br/>. Acesso em: 12 mar. 2012.

Os Paralamas do Sucesso. Site com informações, fotos e vídeos da banda. Disponível em: <http://osparalamas.uol.com.br/>. Acesso em: 12 mar. 2012.

Radamés Gnattali. Apresenta informações e imagens do compositor e instrumentista. Disponível em: <http://www.radamesgnattali.com.br>. Acesso em: 12 mar. 2012.

Roberto Carlos. Site oficial de Roberto Carlos, apresenta informações sobre sua carreira. Disponível em: <http://robertocarlos.globo.com/html/home/home.php>. Acesso em: 12 mar. 2012.

YouTube. Site de compartilhamento de vídeos. Disponível em: <www.youtube.com>. Acesso em: 12 mar. 2012.

Vídeos

BASTIDORES. Direção: Roberto de Oliveira. Direção de Produção: Celso Tavares. Produção: André Arraes, Jorge Machado e Jorge Saad Jafet. Direção de fotografia: João Wainer. Documentação e pesquisa: Sueli Valente. Música: Canções de Chico Buarque. EMI Music Brasil Ltda. (sob licença exclusiva da R.W.R.), c2005. 1 DVD (73 min.), color.

TATIT, Luiz. *Semiótica da canção e tensividade*. Palestra ministrada no Laboratório de Imagem e Som da Universidade Federal Fluminense. Niterói: Universidade Federal Fluminense, 27 maio 2010. Disponível em: <http://lisuff.wordpress.com/2010/08/07/luiz-tatit-na-uff/>. Acesso em: 5 dez. 2011.

Este livro foi composto com tipografia Minion e impresso
em papel Offset 90 g/m² na Formato Artes Gráficas.